NOTICE HISTORIQUE

PETIT SAINT-MÉEN

AUJOURD'HUI

ASILE DÉPARTEMENTAL DES ALIÉNÉS D'ILLE-ET-VILAINE

DEPUIS SA FONDATION JUSQU'A NOS JOURS

PAR

MATHURIN-JOSEPH LE MENANT DES CHESNAIS,

Docteur-Médecin de la Faculté de Paris; Directeur-Médecin de 1re classe de l'Asile départemental des Aliénés d'Ille-et-Vilaine (Saint-Méen-de-Joué);

médaille d'argent de S. Exc. le Ministre de l'Agriculture, du Commerce et des Travaux publics (services rendus en 1863); ex-Médecin adjoint du Ministère de l'Intérieur;

ex-Médecin de l'Assistance publique de Paris, des Écoles communales et des Salles d'asile du 10e arrondissement de Paris (aujourd'hui 7e);

Pharmacien de 1re classe; Membre lauréat (médaille d'argent) de la Société impériale de Médecine de Marseille, &c.

RENNES

A. LEROY, ÉDITEUR, IMPRIMEUR DE LA MAIRIE ET DE LA COUR IMPÉRIALE, RUE LOUIS-PHILIPPE, 1

1864

A LA MÉMOIRE

DE

SON EXCELLENCE MONSIEUR BILLAULT, MINISTRE D'ÉTAT,

ET DE

MADAME BILLAULT,

REGRETS ET RECONNAISSANCE.

Le Menant des Chesnais.

NOTICE HISTORIQUE
SUR L'HOPITAL
St MÉEN-DE-JOUÉ
BEATI MISERICORDES
A LA MÉMOIRE
DE
GUILLAUME & GILLES REGNIER
FONDATEURS DE St MÉEN-DE-JOUÉ
Dessiné par A. PAILLARD Fils
Lith. A. LEROY à Rennes

HOSPICE ST MÉEN EN 1860

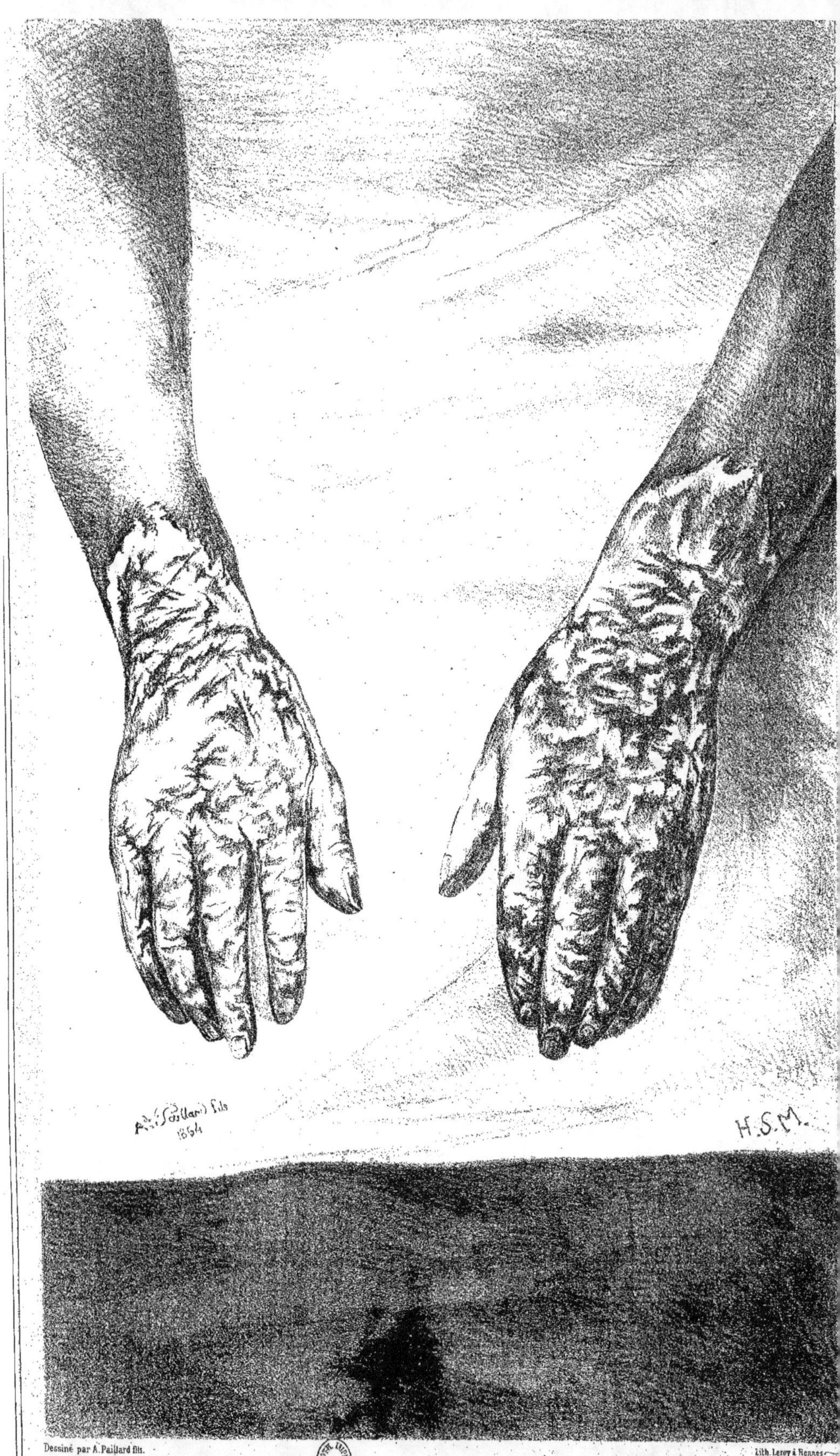

Dessiné par A. Paillard fils.
Lith. Leroy à Rennes.

SAINT-MÉEN

INTRODUCTION

L'homme éprouve le besoin de remonter le cours des siècles pour connaître l'origine de sa famille, et quels furent ses ancêtres. Il aime à rechercher, en ce qui concerne son pays, tous les faits historiques ; il ne peut visiter un édifice, un établissement sans demander l'époque de sa fondation, ni s'enquérir de ce qui constitue son histoire. Le passé l'intéresse autant que l'avenir. Cet intérêt devient plus grand pour celui qui remplit les fonctions de directeur d'un asile, au développement et à la prospérité duquel il dévoue son existence. A ce titre, nous avons voulu rassembler les matériaux propres à jeter quelque jour sur l'histoire de l'établissement de Saint-Méen, depuis sa fondation jusqu'à ce moment. La notice que nous publions pourra déterminer quelqu'un, plus érudit, jouissant de plus de loisir que nous, à entreprendre les recherches nécessaires à la rédaction d'un travail plus complet. Quelque abrégée que soit cette notice, espérons qu'elle sera un premier pas dans la voie où nous voudrions voir entrer bon nombre de savants. Les histoires séparées de chaque ville, de chaque édifice, de tout établissement, de tout monastère, aideraient à composer l'histoire générale d'un pays. Bien des familles y retrouveraient les noms d'honorables ancêtres; chacun y puiserait de hauts enseignements sur les mœurs antiques, la simplicité, la charité, le dévoûment qui distinguent à un si haut degré les siècles antérieurs au nôtre, et pourrait constater les singuliers contrastes qu'ils présentent. Le département d'Ille-et-Vilaine, la Bretagne, si riches en nobles et pieux souvenirs, ne sauraient rester indifférents à une étude appelée à mettre en relief le caractère religieux, charitable et hospitalier de ses habitants d'autrefois, caractère que l'on retrouve encore chez nos populations au xix⁰ siècle. Cette conviction nous rassure, concernant l'accueil reservé aux lignes que nous allons consacrer à l'histoire de l'asile Saint-Méen, confié depuis plusieurs années à notre direction.

Qu'il nous soit permis aussi de remercier M. Quesnet, archiviste du département, de sa grande complaisance à nous communiquer les documents principaux qui ont servi de base à cette notice, notre ami, M. Piton du Gault, juge de paix à Rennes, pour ses bons conseils, et M. Paillard fils, pour la gracieuseté avec laquelle il a mis son talent à notre disposition, pour reproduire les dessins des lieux et des établissements que nous désirions faire connaître.

Rennes, le   1864.

LE MENANT DES CHESNAIS.

NOTICE HISTORIQUE

SUR LE

PETIT SAINT - MÉEN

AUJOURD'HUI TRANSFORMÉ EN

ASILE DÉPARTEMENTAL DES ALIÉNÉS D'ILLE-ET-VILAINE

Saint-Méen (*Méven*, celt. ; *Mevénnus*, lat. : Pierre)

PREMIÈRE PARTIE.

FONDATION DE L'HOPITAL DU TERTRE-DE-JOUÉ.

CHAPITRE I.

Vers la moitié du xvie siècle, vivait à Rennes une famille patriarcale, comme la Bretagne a le privilége d'en produire dans tous les temps; une de ces familles qui honorent leur pays et qui seront toujours pour leurs descendants des modèles accomplis et des sujets de légitime orgueil. Elle avait pour membre principal Guillaume Regnier, conseiller au Parlement de Bretagne en 1559. Marié à Mlle Mignot, il eut d'elle plusieurs enfants : l'un d'eux, appelé Guillaume comme son père, borna toute son ambition à l'éducation chrétienne de sa famille, et consacra son temps et sa fortune en œuvres de charité et en dévoûment pour les pauvres.

Les Regnier, quoique déboutés (ref. de 1670) de leurs prétentions nobiliaires, n'en comptent pas moins plusieurs membres distingués par leurs fonctions, en dehors de Guillaume, le conseiller au Parlement. L'un d'eux, Jean, fut prieur de Saint-Martin et de la Madeleine de Nantes; un autre était auditeur à la Cour des comptes en 1639, et un troisième, du nom de Jean aussi, était maire de Nantes en 1673.

A l'époque dont nous parlons, de nombreux pélerins, atteints d'une affection particulière que l'on nommait le *mal Saint-Méen*, traversaient la ville de Rennes pour aller chercher dix lieues plus loin une guérison, juste récompense de cette foi antique dont la Bretagne n'est point encore aujourd'hui déshéritée. Nous souhaitons qu'elle la conserve toujours, nonobstant les phalanges de doctrines pestilentielles qui se répandent, hélas! chez elle comme ailleurs. Puisse le ciel l'en défendre!

Si la maladie dirigeait les pélerins vers la tombe de l'illustre neveu de saint Magloire et de saint Samson, évêque de Dol et apôtre de notre chère contrée, le besoin de satisfaire une piété justifiée par les miracles et les bienfaits sans nombre attribués à l'intercession du célèbre contemporain du roi Judicaël, ne contribuait pas moins à entretenir l'affluence des voyageurs vers ce lieu.

Si, comme on le présume, parmi ceux que la série des siècles a vu se diriger sur la tombe de saint-Méen, il y en avait de riches, beaucoup aussi, parmi les malades, étaient pauvres et demandaient à la charité publique et aux communautés qu'ils rencontraient sur leur passage les moyens d'atteindre le but de leurs désirs; d'ailleurs, d'après les chroniques du temps, ce pélerinage devait être fait en demandant l'aumône, quelque riche que l'on fût. Rennes était comme la dernière étape pour ceux qui venaient de loin, et il en venait de plusieurs centaines de lieues; aussi le nombre de ces derniers était-il parfois assez considérable pour qu'il fût difficile de trouver à tous un abri.

Cette pensée avait préoccupé le fils du conseiller Guillaume Regnier, et sa piété résolut d'y apporter remède.

C'est ainsi que, le 4 septembre de l'année 1627, le seigneur Guy de Lopriac, lui aussi conseiller au Parlement de Bretagne en 1617 (1), vendait à Guillaume Regnier fils, au lieu dit *Tertre de Joué*, près de Rennes (2), « un corps » de logis, une petite cour, une grange, deux étables, un four, un puits et une pièce de terre nommée la *Pièce » de la Vigne*, contenant deux journaux ou environ, y compris un petit jardin, un courtil nommé le *Courtil du » Puits*, la pièce de terre du mitan, nommée la *Pièce de dessous Joué*, contenant trois journaux et demi, et un pré, » nommé le *Pré de Joué*, contenant deux journaux de terre environ.

» Tous ces héritages sont francs de rente et relèvent de l'abbaye de Saint-Georges, à l'exception du Pré de Joué, » qui relève de Cucé, mais aussi franc de rente. »

C'est sur cette petite propriété, achetée par lui, que le digne fils du conseiller Regnier devait, à partir de ce moment, exercer sa charité et occuper saintement le reste de ses jours.

En effet, la transformer en un asile où les pauvres pèlerins fussent assurés de trouver un gîte, leur procurer une humble ressource pour leur permettre d'arriver au terme du voyage, telle fut d'abord sa première pensée; ensuite, on ne fut pas moins touché de rencontrer en lui cette pieuse sollicitude que l'on ne voit que dans le catholicisme, et qui, non contente de pourvoir aux besoins matériels, s'attache encore à la sanctification et aux besoins des âmes. Le pieux fondateur devenait chaque jour plus ingénieux dans les moyens de multiplier ses bienfaits. Comme il aimait la prière, ce lien qui unit les chrétiens entre eux pour en faire un peuple de frères, et à Dieu, leur Père céleste, pour en faire un peuple d'élus, la prière ne pouvait être négligée dans l'asile qu'il fondait; aussi Guillaume Regnier faisait-il prier les pauvres, et les faisait-il prier beaucoup. Cette pratique était sa monnaie courante, une monnaie qui ne s'use point avec le temps, mais qui produit au centuple, quand surtout elle tire sa source d'un cœur pur et fervent. De même encore que toutes les vertus sont sœurs et solidaires, Guillaume n'était pas moins humble dans sa foi que pressant dans sa piété : il savait que l'humilité est la seule base solide du bien, qu'elle éclaire l'homme, grandit sa raison et l'ennoblit bien plus que les vains titres du monde et la science orgueilleuse, qui l'égarent et le perdent trop souvent. Sa foi et sa piété étaient donc assez puissantes pour réaliser en lui cette parole divine :

« *Omnia quæcumque petieritis in oratione credentes, accipietis* (S. Math., c. xxi, v. 22). »

Embrasé de l'amour de Dieu, sa charité ne connaissait point de bornes, et rien n'égalait son zèle pour grandir et éclairer la foi de ses pèlerins. Dans cette vue, il voulut doter son asile naissant d'une chapelle, faire Gilles Regnier, son fils, le premier chapelain, comme lui-même devait être le premier directeur de l'hôpital, établissant ainsi, par un dévoûment commun, les bases solides d'une œuvre durable.

Aussitôt que le temps lui eut permis d'assurer l'existence de l'hôpital du *Tertre de Joué*, il s'occupa de la construction de sa chapelle; ce ne fut toutefois qu'en 1653 qu'il put l'édifier. Il s'empressa de l'enrichir, dès le 31 décembre de la même année, d'une pieuse fondation en faveur de la prière, pour laquelle il avait un amour si profond et si pur.

D'ailleurs, comme un moment de ferveur peut n'être que passager, et que le succès n'appartient qu'à la persévérance finale, Guillaume sentit que pour l'atteindre, il avait besoin de la grâce que nous communique l'assistance au saint Sacrifice de la Messe, la fréquentation des Sacrements, et surtout l'usage de l'aliment céleste qui nourrit nos âmes par la sainte Communion. Il ne demandait qu'à Dieu le succès d'une entreprise faite pour lui; et, pour assurer la bénédiction à son œuvre chérie, il fonda à perpétuité deux messes, une le jeudi et l'autre le vendredi, avec prière nominale, après la communion du prêtre, « en son intention et celle de ses amis. »

Déjà nous connaissons ses amis. Certes, il est incontestable que cet homme selon le cœur de Dieu n'en comptât beaucoup parmi les grands et les heureux du siècle : sans oublier ceux-ci devant Dieu, les amis particuliers de ses intentions, ceux pour lesquels il voulait que l'on priât avec lui, ses amis qui l'occupaient le jour et la nuit, étaient les pauvres. Ce fut pour eux qu'il fonda Saint-Méen, ce fut pour eux qu'il fit bâtir une chapelle; ce fut pour eux qu'il voulut un chapelain, auquel il assura un logement, le bien-être et toutes les conditions

---

(1) La famille de Lopriac, d'ancienne extraction de chevaliers, comptait onze génér. à la ref. de 1668. Henri, écuyer, épousa en 1379 Jeanne Le Pavillon, dame de Poulvern; Louis, maitre des comptes en 1458; plusieurs conseillers au Parlement depuis 1589; un abbé de la Chaume, en 1671; un abbé de Notre-Dame-du-Bourg, évêché de Nantes, en 1718; un maréchal-de-camp, en 1744, marié dans la maison de la Rochefoucauld de Roye, père d'un colonel au régiment de Soissonnais, tué au col d'Exiles en 1747.

Fondue en 1752 dans Kerhoënt.

(2) Tout ce qui est entre guillemets est transcrit sur les titres mêmes.

de la vie; ce fut encore pour eux qu'il voulut charger ce même chapelain de fonctions qui devaient, après sa mort, continuer son œuvre. Une telle fondation allait sanctifier ses dernières années et lui ouvrir les portes du Ciel.

Par l'acte du 31 décembre 1653, le chapelain fut donc obligé « de recevoir les pauvres passants attaqués du *mal* » *Saint-Méen*, pendant une nuit seulement, et de leur distribuer à chacun pour deux liards de pain et une chopine » de cidre, ou la valeur d'un sol, le tout à la volonté des malades. »

Le nombre pouvait être de douze cents par an, et le chapelain était tenu d'en tenir registre.

Outre ces obligations, le chapelain était encore tenu d'enseigner le catéchisme aux pauvres enfants et voisins du Tertre de Joué.

Par un acte du 1ᵉʳ janvier 1654, Mᵍʳ l'évêque de Rennes approuva cette fondation.

Telle fut la première origine de cet établissement, qui plus tard reçut le nom de Petit-Saint-Méen, et forme aujourd'hui l'asile départemental des aliénés d'Ille-et-Vilaine.

CHAPITRE II.

Nous venons de voir, dans une esquisse rapide, comment Guillaume Regnier, guidé par son amour pour les pauvres, avait acquis la propriété du Tertre de Joué; nous avons vu avec quelle délicate et minutieuse attention son cœur, brûlant de la charité divine, s'était attaché à venir en aide aux infortunés de ce monde, à leur procurer, dans la limite de ses ressources, que grandissait son dévoûment sans bornes, le pain du corps, le pain de l'âme par l'instruction, la prière et les sacrements. Le lecteur a dû surtout admirer cette sagesse désintéressée, et prudente, qui assure dans la personne du fils, premier chapelain et second directeur, la continuation de l'œuvre de miséricorde du père. Tout devait donc permettre de croire à la prospérité de l'hôpital naissant, et personne n'aurait pensé que des obstacles dussent éprouver et paralyser un si noble élan de sa charité chrétienne; cependant, c'est ce qui arriva.

Les œuvres que Dieu bénit, et pour lesquelles il réserve l'avenir, doivent connaître la tribulation : elle en est comme le bâptême et la confirmation.

L'abbesse de Saint-Georges, voyant s'ériger la chapelle sur un terrain relevant de son autorité, contesta au sieur Regnier ce droit, qu'avait cependant approuvé l'évêque de Rennes, et elle intenta un procès au fondateur du nouvel hôpital.

Mais Regnier, afin de tout concilier, et par amour pour la paix, proposa de donner satisfaction à l'abbesse, au moyen d'une transaction qui fut acceptée.

En effet, nous lisons dans les titres que « par la transaction du 20 février 1655, l'abbesse de Saint-Georges reçut » huit livres six sols huit deniers pour l'indemnité du terrain sur lequel avaient été construits la chapelle et les » autres bâtiments référés dans l'acte de fondation du 31 décembre 1653.

Ainsi que nous venons de le dire et d'après les titres qui nous sont restés, Saint-Méen et la majeure partie de ses dépendances relevaient de l'abbaye de Saint-Georges.

Le lecteur, nous l'avons pensé, ne nous blâmera pas de lui faire connaître, sommairement au moins, ce qu'était cette abbaye célèbre, avec laquelle Guillaumee Regnier avait dû compter. L'importance de sa juridiction dans laquelle s'était élevé le nouvel établissement et les relations qui furent la conséquence naturelle de sa situation, nous paraissent justifier cette notice.

Placée à l'est de la ville de Rennes, l'abbaye Saint-Georges occupait tout l'espace compris entre la Motte, la Vilaine, l'extrémité de la rue Saint-Georges qui lui doit son nom, selon toute probabilité et le Mail-d'Onges.

Au dire de certains auteurs, elle aurait été fondée par Alain III, duc de Bretagne, environ vers l'an 1003, ou 1008. Mais cette date nous paraît erronnée, si la fondation de l'abbaye remonte réellement au règne d'Alain III.

Ce prince, en effet, frère de Pasqwiten, mort assassiné par les Normands vers 879, monta sur le trône de Bretagne à cette époque. Justement surnommé le Grand, il s'était uni à Judicaël contre Rollon le redoutable corsaire (888). Judicaël battit le premier les Normands à Traut, mais en payant la victoire de sa vie. Alain vint à son tour, extermina quinze mille Normands à Quintambert aujourd'hui (Questembert), sauva la Bretagne et devint Alain le Grand, roi des Bretons en 890.

Alain III, dit son historien, usa noblement de son triomphe et de sa puissance. Il laissa ses rivaux en paix, répara les villes, releva les églises et les communautés, acheva les Normands en reprenant Coutances, et mourut en 907, « comblé de gloire et de mérites. »

Il est donc évident par ce qui précède que si ce fut Alain III qui fonda l'abbaye de Saint-Georges, la fondation en serait bien antérieure à 1003 ou 1008.

Quoiqu'il en soit de son origine, il est certain qu'elle jouit des droits seigneuriaux et posséda plusieurs prieurés importants.

Parmi ces derniers, on cite notamment ceux de la chapelle Samson, de la Madeleine de Rennes, de la chapelle de la Cité, de Saint-Georges de Grchaigne, de Tinténiac, de la Baussaine, de la Chapelle-Chaussée, de Cardroc, de Saint-Domineuc, de Saint-Séglin, de Saint-Gontran, de Plouganon et de Pleubihan. Elle était destinée à recevoir quarante-cinq religieuses de l'ordre de Saint-Benoît, appartenant aux familles nobles. Ce nombre fut augmenté dans la suite et les jeunes personnes qui se présentaient pour être élevées dans cette abbaye étaient obligées de prouver par titres leur noblesse.

Les plus grandes familles de Bretagne ont fourni des abbesses à Saint-Georges. On retrouve sur le catalogue les noms de :

Etiennette de Tinténiac (1184).

Julienne du Guesclin (1399).

Philippette de Saint-Pern (1406).

Perrine du Feu ; Olive de Quélen (1472).

Françoise d'Epinaye (1485).

Isabeau Hamon (1523).

Marquise de Beauquesne (1590).

{ Françoise de la Fayette (1617).
{ Et sa coadjutrice Madelaine de la Fayette.

Marquise du Halgouet (1675).

Elisabeth d'Alègre (1715).

Judith de Chaumont de Guitry (1742).

Mlle Barreau de Girac, sœur de l'évêque de Rennes (1779).

Le lecteur retrouvera plusieurs de ces noms illustres parmi les *détenus* de Saint-Méen, au commencement de la révolution française.

Les abbesses de cette communauté royale richement dotée, jouissant de l'autorité que donne la fortune et la naissance, se montrèrent jalouses de leurs droits et de leurs prérogatives.

Par ce fait, s'expliquent les difficultés que l'une d'elles suscita au pieux fondateur de Saint-Méen, lorsqu'il voulut édifier sa chapelle sur un terrain relevant de son autorité.

Le couvent conserva sa destination jusqu'en 1792. Les bâtiments qui existent encore aujourd'hui et sur les parois desquels on lit en lettres de fer : MADELAINE DE LA FAYETTE, ont été construits par la coadjutrice de Françoise de la Fayette et sont dûs à ses libéralités.

Ces bâtiments qui servent aujourd'hui de caserne pour l'artillerie sont remarquables; ils font apprécier les ressources dont cette abbaye pouvait disposer.

CHAPITRE III.

NOUVELLES GÉNÉROSITÉS DES REGNIER EN FAVEUR DE L'HOPITAL DE JOUÉ. — GILLES ÉLEVÉ AU SACERDOCE.

Le sieur Regnier, après s'être libéré vis-à-vis de l'abbesse de Saint-Georges, travailla plus activement que jamais à la consolidation de son nouvel hôpital. Zélé comme un apôtre, ne pouvant renfermer dans son cœur son amour passionné pour les pauvres, le feu de la charité dont il brûlait ne devait point se concentrer dans son âme ardente; des étincelles devaient s'échapper, par fois, pour se communiquer à ceux que les relations habituelles rapprochaient davantage de lui.

C'est ainsi que, par un acte du 6 juillet 1655, il obtenait de son frère et de sa belle-sœur, Denis Regnier et Jacquette Aloué, un constitut de 150 livres de rente au profit du chapelain et des pauvres.

Ce contrat de constitution fut franchi peu après.

C'est ainsi qu'en présence de cette abnégation chrétienne, dont Guillaume s'appliquait à faire germer et fructifier les premiers principes dans chacun de ses enfants, Gilles, l'un de ses fils, plus vivement impressionné que ses frères, et, d'ailleurs, plus attentif à imiter les nobles et pieux exemples de son père, avait, dès son bas âge, laissé voguer son âme pure au gré de la grâce divine. En grandissant, Gilles, ce bon jeune homme pour lequel la présence des pélerins et les pélerinages étaient familiers, prenait son principal plaisir à interroger les pauvres voyageurs, et leurs pieux récits lui firent bientôt comprendre qu'ici-bas tout homme n'est qu'un pélerin réel.

Cette pensée chrétienne devait porter ses fruits, et, comme elle était toujours présente à son esprit, il ne tarda pas à juger des choses de ce monde sans illusion. Comment en aurait-il été autrement? Sa mère, d'une tendresse égale à la piété, d'un amour sans rival sur la terre, ne lui avait-elle pas, avec son lait, fait sucer les premiers éléments de la foi? Celle-ci, grâce à l'intelligente direction de son père, avait imprimé dans son cœur des racines vivaces, et, semblable à une jeune plante bien cultivée, chacune de ses aspirations s'était dressée vers le Ciel, comme les rameaux d'un olivier.

Gilles Regnier, enfant pieux, devint un jeune homme modèle; le faux brillant du monde et ses fastes trompeurs ne purent lui en imposer. « Le Ciel, aimait-il à dire, le Ciel est ma patrie, le Ciel est le lieu sacré du repos éternel, le but » final de tout pélerinage. La terre n'est qu'un exil, et, pélerins du Ciel, nous devons marcher avec courage sans nous » laisser surprendre par les accidents du voyage.

» Tout voyageur, disait-il encore à ces braves gens, qui se charge d'objets inutiles et pesants, ne peut manquer » d'augmenter ses fatigues et de s'exposer à rester en arrière des autres. Voilà pourquoi je vous approuve, pauvres » pélerins, de compter sur la Providence en demandant l'aumône.

» Voyez combien vous avez raison d'en agir ainsi : n'est-ce pas Dieu, notre Père commun, qui a guidé celui qui » me donna le jour, et qui a voulu qu'il fondât pour vous cet asile où vous pouvez trouver, avec un repos temporaire du » corps et de l'âme, une nouvelle provision pour continuer la route?

» Oh! oui, leur ajoutait-il, la pensée de mon père est une bonne et sainte pensée. Comme lui, je veux me dévouer » au soulagement des misères d'autrui; comme vous, je veux me considérer semblable au pélerin sur la terre, et mon » bonheur sera de vous consoler, de vous aider à atteindre le but désiré, en méritant une part dans les prières et les » actions de grâces que vous rendrez à Dieu. » Gilles Regnier renonça donc au monde, et, malgré les avantages que pouvait lui offrir la magistrature, dans laquelle son grand-père s'était distingué, il préféra se consacrer à Dieu en s'attachant aux pauvres; à la plus grande consolation de ses chers parents, il fut élevé au sacerdoce. Par un acte du 9 mars 1660, il fut nommé aumônier de l'hôpital.

Guillaume, son père, en reconnaissance de ce bienfait du Ciel, qui secondait si merveilleusement ses desseins, voulut que ce jour fut marqué par de nouveaux sacrifices qu'il s'imposait en faveur des pauvres.

En effet, c'est à cette date que remonte l'acte par lequel il donna à l'hôpital une pièce de terre nommée *le Bertray*, contenant deux journaux, et une quantité dans le pré *du Gué de Baux*, contenant un demi-journal.

« La pièce *le Bertray*, disent les titres, ainsi que la quantité dans le pré *du Gué de Baux*, relèvent de Cucé, à charge » d'un tiers de boisseau de froment rouge sur la pièce *le Bertray*. La quantité dans le pré *du Gué de Baux* est franche » de rente. »

Quelque grand que fût déjà, pour sa fortune, le sacrifice fait par Guillaume pour honorer la nomination de son fils comme aumônier de son hôpital, il n'avait atteint que la moitié de son but.

En effet, ajouter des terres aux possessions du nouvel établissement, c'était bien assurer sa prospérité matérielle; mais, dans l'homme, il n'y a pas seulement de la matière, et, la donation ne satisfaisait que les besoins temporels. L'âme, sa plus noble partie, sa partie essentielle, douée d'immortalité, appelée tout spécialement à la contemplation éternelle de son Créateur, l'âme n'avait point de part directe à cette générosité.

Cependant la fête que voulait si solennellement célébrer Guillaume, n'était-elle pas, avant tout, une fête de l'âme, une fête spirituelle et religieuse?

Sans aucun doute, l'intention qui présidait à chacune de ses actions et, en particulier, à celles de ce jour privilégié, l'intention expliquait suffisamment le but. Mais pour Guillaume Regnier, dont les vertus positives étaient aussi solides qu'élevées, il fallait un acte plus direct pour marquer le but et les moyens qui devaient, en pareil cas, perpétuer devant Dieu sa reconnaissance et son zèle. D'ailleurs, il aimait trop la prière pour se priver de son secours et pour ne pas accorder quelque chose à l'attrait irrésistible qu'elle avait pour lui.: par l'acte de ce jour, il ajouta donc encore à la fondation du 31 décembre 1653 deux messes à basse voix.

Des circonstances particulières rendirent momentanément sans effet cette fondation, qui devait être pour lui un nouveau sujet de mérite et d'épreuve. Dieu, devant qui son âme était si belle, ne voulait que retarder le succès d'une tendance digne d'un meilleur résultat. Son fils Gilles, ce jeune et angélique aumônier, héritier et dépositaire des volontés de son père, devait, le 14 février 1676, réparer ce dommage, ainsi que cela se trouve consigné dans la liasse des titres concernant les fondations.

Quoique la nomination de Gilles Regnier à l'aumônerie de l'hôpital du Tertre de Joué fût datée du 9 mars 1660, néanmoins, par suite de circonstances particulières, Guillaume et son fils ne prirent possession de la chapelle que le 15 juillet suivant.

CHAPITRE IV.

LE MAL SAINT-MÉEN. — L'HÔPITAL DU TERTRE-DE-JOUÉ PREND LE NOM DE PETIT SAINT-MÉEN.

NOTICE SUR LE GRAND SAINT-MÉEN.

L'intention qui avait présidé à la fondation de l'hôpital du Tertre de Joué, l'affluence des pélerins dans cet asile, que la piété leur avait ouvert, et la proximité du lieu où se terminait un voyage très-long pour beaucoup, contribuèrent à sa célébrité.

Etant la dernière étape qui conduisait à Saint-Méen, l'hôpital du Tertre de Joué dut à cette circonstance de changer son nom contre celui de *Petit Saint-Méen*, qu'il porte encore aujourd'hui.

Nous avons déjà dit, au chapitre Ier, que beaucoup de malades allaient à Saint-Méen pour y chercher la guérison d'une maladie de peau dont l'aspect hideux affectait surtout les *mains*.

Cette affection, sur laquelle nous aurions désiré retrouver des détails plus circonstanciés, se rapproche beaucoup de ce que les auteurs de nos jours nomment la pellagre, du moins, nos recherches et l'opinion des auteurs que nous avons pu consulter nous permettent de l'admettre sans trop de témérité.

Saint-Méen est une petite ville de Bretagne qui doit son origine et son nom à l'apôtre qui vint fonder un monastère célèbre en cet endroit.

Voici, d'après les meilleurs historiens, ce qui est admis sur la ville et sur le monastère.

Saint Méen ou Conard-Méen, d'origine anglaise, était neveu, par sa mère, de saint Magloire et de saint Samson.

Il naquit dans la province de Gwent dans le South-Wale, et son père, à qui l'on donne les noms de Gerassend ou Gerasen, est, dans la légende manuscrite conservée dans son abbaye de Gaël, appelé Ork ou Orkée.

Conard-Méen, encore enfant, avait été confié à son oncle saint Samson qui s'était chargé de l'instruire. Lorsque plus tard, guidé par son zèle apostolique, celui-ci résolut de venir évangéliser nos pères de l'Armorique, alors plongés dans les plus épaisses ténèbres du paganisme, il fut suivi de son jeune neveu. Conard-Méen, quoique jeune, n'était pas moins remarquable par ses vertus et sa piété que par son attachement inviolable à son oncle. Aussi avait-il mérité sa confiance, et le saint Evêque ne faisait rien sans y associer son neveu. Ces deux saints personnages, à qui notre chère Bretagne est redevable de tant de bienfaits, rivalisaient l'un et l'autre de zèle et d'abnégation pour la gloire de Dieu.

Un jour, saint Samson, eût une affaire fort délicate, dont le succès dépendait entièrement du seigneur Guerech, alors comte de Vannes. Saint Samson, ne crut mieux faire que d'en charger son neveu, qu'il fit aussitôt partir pour aller trouver le comte. Ces faits remontent à 548.

Conard-Méen, esclave de l'obéissaance, s'efforçait à abréger les ennuis d'un long voyage et à obtenir de la miséricorde divine une issue favorable, en semant sa route de saintes prières et de pieux cantiques.

Un soir, étant arrivé sur les limites de l'immense forêt qui sépare en deux parties la Bretagne, et qui forme encore aujourd'hui les forêts mêmes de Paimpont, de Brésilien, de la Hardouynais, de Montcontour et de la Noue, il fut rencontré par un seigneur de l'endroit, que la légende nomme comte Caduon.

Caduon, excellent chrétien, n'ayant pas d'enfants, aimait à consacrer sa fortune à la pratique de l'hospitalité. Sans aucunes préoccupations de famille, il dirigeait ses pas, tantôt d'un côté, tantôt de l'autre. Son bonheur n'était jamais plus grand que lorsqu'un voyageur, accablé sous le poids des fatigues d'une longue et chaude journée, se trouvait dans la nécessité d'accepter l'offre généreuse et empressée qu'il faisait de le recevoir.

Entre Gaël et Montfort-la-Canne, est une contrée entrecoupée de vallons, de landes et de forêts, qui présente alternativement à l'étranger qui la visite l'aspect le plus pitoresque, parfois grâcieux comme un jardin, parfois sauvage et triste comme un désert.

Là une petite rivière serpente entre deux collines, dont les sommets se terminent tantôt en silhouette sombre et abrupte sur un ciel de feu et d'or, qu'animent à l'envi les derniers rayons d'un soleil couchant, tantôt se perdent dans de légères et incertaines vapeurs, que dominent les cimes séculaires des vieux chênes. Le Meu, nom que porte aujourd'hui cette petite rivière, le Meu par ses bords enchantés, ses méandres à travers les délicieuses prairies du pays d'Iffendic, le Meu, dis-je, était fort souvent le but des promenades de Caduon. Ce n'était pas sans raison qu'il aimait cette contrée. La variété de ses points de vue, la beauté des sites, la richesse, la fraîcheur et le calme des grandes ombres de tant d'arbres séculaires, le portaient si naturellement au recueillement, que son âme s'élevant vers Dieu, semblait jouir par anticipation des béatitudes célestes. Un soir donc, qu'il promenait sur les bords du Meu, un étranger dont le costume indiquait l'état religieux, vint s'offrir à ses regards. Aussitôt Caduon s'avance vers lui, et avec cet empressement plein d'entraînement et de délicatesse qui lui était familier, il lui offre l'hospitalité dans son manoir de Tre-foss.

Ce voyageur n'était autre que Saint-Méen. Bientôt une délicieuse sympathie basée sur leurs vertus réciproques, leur détachement de la terre et leurs aspirations vers les choses célestes, les unit étroitement; la nuit se passa ainsi en un échange de pensées qui les lièrent de plus en plus l'un à l'autre.

Ces deux serviteurs de Dieu s'étaient compris, et le seigneur Caduon, dans son enthousiasme pour son hôte, lui proposa l'abandon de tous ses biens, s'il voulait fonder un monastère dont il lui réservait la direction.

Toute séduisante que pouvait paraître une offre si généreuse, Conard-Méen esclave de son devoir, la refusa malgré son attachement réel pour Caduon. Il représenta d'abord à ce dernier que, non-seulement il ne s'appartenait point, et que, lié par un vœu d'obéissance, il ne pouvait rien faire sans l'assentiment du saint Evêque, son oncle; et qu'en second lieu, chargé d'une mission spéciale auprès du comte de Vannes, rien ne devait l'occuper en dehors du but même de son voyage.

Caduon était trop sincère pour ne pas admettre les motifs qui justifiaient le refus de saint Méen, mais aussi il était trop persévérant pour céder la partie au premier échec. Il cessa donc de s'opposer à ce que son hôte accomplît pleinement la mission qui lui avait été confiée; il reconnut également la nécessité du consentement de saint Samson, mais il pria saint Méen de faire tous ses efforts pour l'obtenir, et en cas de succès, de revenir à Tre-foss.

A tant de générosité et de saine logique, saint Méen n'ayant rien à opposer, promit à Caduon de se rendre à ses désirs et prit immédiatement les dispositions nécessaires pour achever son voyage.

Saint Méen, protégé par Dieu, réussit au-delà de toute espérance auprès du comte de Vannes; de retour auprès de saint Samson, il fit part au saint Evêque des engagements conditionnels qu'il avait pris avec le seigneur Caduon, que la divine Providence lui avait envoyé, comme autrefois l'ange consolateur à Agar dans le désert de Bersabée. Saint Samson, qui chérissait son neveu comme un fils bien-aimé, reconnut la volonté de Dieu dans une séparation qui devait exiger de son cœur le plus grand sacrifice qu'il pût faire en ce monde. Et, quoiqu'il pût lui en coûter, comme en toute chose, la gloire de Dieu et le bien du prochain étaient son unique mobile, il consentit au départ de saint Méen, et lui adjoignit même quelques saints religieux pour l'aider dans l'accomplissement de ses pieux desseins.

Il serait difficile de peindre l'allégresse qui transporta Caduon, lorsqu'il revit Conard-Méen en compagnie des religieux venus, avec lui, pour fonder le nouveau monastère. Sans perdre de temps, il accompagne saint Méen dans toute l'étendue de ses domaines, afin de déterminer l'emplacement de l'abbaye et de l'établir dans le lieu le plus convenable à sa prospérité et à son développement.

Un site plus particulièrement attira l'attention de saint Méen. La nature semblait avoir réuni en ce lieu tous les avantages, à l'exception d'un seul : l'eau y faisait complétement défaut. — Dieu, dans des vues de miséricorde bien propres à exciter la reconnaissance des hommes, avait réservé cette circonstance, afin de glorifier son serviteur en montrant, par un premier miracle, que sa grâce était avec lui.

Plein de cette foi qui ne connaît point d'obstacle, saint Méen s'humilie devant le Seigneur; sûr d'être exaucé, il plante en terre son bâton dans l'endroit où il désire obtenir de l'eau, et il en jaillit aussitôt une source abondante, comme autrefois Moïse dans le désert, avec sa baguette, fit jaillir l'eau du rocher. « A dater de ce moment, l'eau, dit la » légende, a eu un cours continuel, utile à la santé d'une infinité de malades qui, depuis, y ont trouvé leur » guérison. »

Conrad-Méen dédia sa communauté à saint Jean-Baptiste, pour lequel le peuple breton professe un amour tout spécial.

Les grandes vertus de l'abbé, ses nombreux miracles, rendirent bientôt célèbre l'abbaye de saint Jean-Baptiste; sa réputation de sainteté allait en grandissant jusque dans les pays les plus éloignés.

Ce fut à cette réputation bien méritée que le couvent dût de compter saint Judicaël parmi ses religieux. Judicaël, roi de la domnonée, était âgé de 22 à 23 ans lorsqu'il se jeta aux pieds de saint Méen et reçut de lui la tonsure et l'habit.

Saint Méen, après avoir miraculeusement arraché à la mort un malheureux condamné, entreprit le voyage de Rome. A son retour il fonda une autre communauté sur les bords de la Loire, auprès d'Ancenis, entre Saint-Florent-le-Vieil et Clermont.

La vie de saint Méen fut, à dater de cette époque, partagée entre ses deux communautés; cependant l'abbaye de Saint-Jean-Baptiste continua d'être plus particulièrement sa résidence habituelle.

Conard-Méen mourut comme il avait vécu, c'est-à-dire en saint et en faisant des miracles. Il prédit sa mort quelques mois à l'avance. L'un des religieux ne pouvant se faire à l'idée de vivre sans l'avoir pour guide, saint Méen lui prédit qu'il ne lui survivrait que trois jours. Cette prédiction se réalisa le 21 juin 1617. Le légendaire, qui nous fournit ces documents, nous apprend qu'on invoquait saint Méen pour une espèce de « galle horrible à voir, nommée le *mal* » *Saint-Méen*, galle opiniâtre et corrosive dont la malignité attaque particulièrement les mains. » Dom Lobineau émet l'opinion que le rapport de *main* à *Méen* a donné lieu à la dévotion dont nous parlons. Edit. 1725.

Le même auteur ajoute : « On voit tous les jours un grand nombre de pèlerins aller au tombeau de saint Méen; ce » qu'il faut faire, dit-on, en demandant l'aumône, quelque riche qu'on soit; et l'*on assure qu'ils y sont presque tous guéris.* »

La naissance de l'abbaye avait d'abord attiré les pauvres qui en recevaient des secours; les étrangers qui, plus tard, arrivèrent entraînés par la célébrité du lieu, donnèrent ausssi l'occasion de construire quelques hôtelleries pour les recevoir. Peu à peu il se fit autour de la communauté une agglomération de maisons qui, en se multipliant, ont formé la petite ville de Saint-Méen.

Après la mort du pieux fondateur de l'abbaye, sa réputation de sainteté se répandit partout; son nom se trouve dans les litanies anglaises du vii⁰ siècle.

Ses reliques furent religieusement conservées dans son monastère de Saint-Jean-Baptiste jusqu'au temps de l'invasion des Normands. A cette époque elles furent transférées, en majeure partie, à Saint-Florent.

Les moines de Saint-Méen se sont maintenus jusqu'au temps de Saint-Vincent-de-Paul.

A cette époque, la communauté passa entre les mains des Prêtres de la Mission, dont Saint-Vincent-de-Paul est le fondateur. Depuis la restauration, l'abbaye de Saint-Méen a été transformée en petit séminaire diocésain. Cette maison d'éducation a été une des plus florissantes et une des plus aimées des enfants qu'elle a formés.

En terminant la notice sur le Grand Saint-Méen, le lecteur aura sans doute été frappé par l'analogie des motifs et des circonstances qui ont présidé à la fondation du Grand et du Petit Saint-Méen. OEuvres de foi, l'un et l'autre, on y voit la charité chrétienne se traduisant en dévoûment pour les pèlerins et les infirmes, et la continuation jusqu'à nos jours des mêmes bienfaits prodigués sous des formes mises en harmonie avec chaque époque, ses besoins et ses mœurs.

CHAPITRE V.

NOUNELLES ACQUISITIONS EN FAVEUR DE L'HÔPITAL. — MORT DE GUILLAUME REGNIER, LE 10 JANVIER 1664.

L'hôpital du Tertre-de-Joué avait été fondé comme une hôtellerie charitable devant prêter un refuge passager aux malheureux infirmes qui, fatigués des inutiles efforts d'une médecine impuissante, allaient, ainsi que l'a dit M. de Léon, demander au Ciel seul un terme à leur affliction; mais il ne tarda pas à se modifier par la force même des choses.

Le Maine, la Beauce et l'Orléanais payaient chaque jour un large tribut au pélerinage breton. Parmi ces malades il s'en trouvait, hélas! trop souvent dont le dénûment était inimaginable. Aussi, n'était-il pas rare d'en trouver, çà et là, à mesure que l'on arrivait plus près des limites du pélerinage, étendus dans les champs et les fossés, épuisés de fatigue et mourant de faim, de soif et de froid. En 1648, un malheureux fut dévoré par un loup presque dans les faubourgs de Montfort, situés à cinq lieues environ du tombeau de l'abbé saint Méen.

Le nombre des passagers atteignit promptement le chiffre de 4 à 5,000 chaque année, à l'hôpital du Tertre-de-Joué, au lieu de 1,200, nombre sur lequel on avait cru devoir compter.

Une autre circonstance vint encore obliger le fondateur à modifier son premier plan. En effet, lorsqu'un malheureux, réduit à la dernière détresse, se trouvait tellement exténué et malade, d'autres secours lui devenaient nécessaires, et, Guillaume, dont le cœur s'était ému si souvent devant des souffrances moins vives, ne pouvait consentir à rester désarmé devant ces nouveaux besoins. Soigner ces malheureux jusqu'à leur convalescence, ou leur procurer la sépulture lorsqu'ils décédaient, et ils mouraient en grand nombre (un et souvent deux chaque jour, dit encore M. de Léon). Telles furent les charges nouvelles que le fondateur n'hésita pas à s'imposer.

C'est ainsi que pour y répondre il augmenta le territoire de l'asile « d'une pièce de terre dite *Pièce-sous-Joué*, située » près le *Gue-de-Baux*, contenant deux journaux un quart de terre. Cette pièce de terre relève de l'abbaye de Saint-Georges » et est franche de rente. » Ainsi que le constate un contrat du 28 juin 1643.

Par un autre « contrat du 7 février 1652, le même sieur Regnier acquit de Guillard le *Champ-aux-Maillards*, situé » également près le *Gué-de-Baux*. Ce champ relève de la seigneurie de la Saudrais à charge de cinq sols sept deniers » monnaie de rente. »

Après toutes ces diverses acquisitions, Guillaume Regnier, désormais arrivé au comble de ses vœux, heureux d'avoir fondé une œuvre durable par l'assurance que lui donnait la coopération de son fils Gilles, songea à rendre à Dieu son âme brûlante d'amour et riche de vertus. Il s'éteignit, en effet, à l'âge de 80 ans, en méritant que l'on dit de lui comme du Divin Maître : *Transiit bene faciendo*. Il fut enterré dans la chapelle de l'hôpital le 12 janvier 1664. Sa mort fut un deuil réel pour la contrée. Toutes les classes de la société perdaient en lui un modèle digne, un ami sincère, un parent dévoué ou un bienfaiteur.

CHAPITRE VI.

GILLES RÉGNIER, DEUXIÈME DIRECTEUR ET PREMIER AUMÔNIER DE L'HÔPITAL, CONTINUE L'OEUVRE DE SON PÈRE.

Après la mort de son père, Gilles Regnier n'eût plus d'autre désir, ni d'autre occupation que de travailler à l'agrandissement du Petit Saint-Méen, et de multiplier les bienfaits que sa charité s'exerçait à rendre chaque jour plus féconds.

Il ne fut point à l'abri des soucis et des peines qui accablent l'homme trop souvent : sa vie fut plus d'une fois traversée par des chagrins de famille. Mais, héritier du dévoûment et des nobles sentiments de feu Guillaume, son père, il sut être tout à tous, et faire tourner, à la gloire de Dieu et au profit des autres, chaque nouvelle épreuve que lui ménageait la Providence.

Plein d'un pieux respect pour les dernières volontés de son père, il voulut qu'elles fussent littéralement accomplies. Dans chacun des vœux de Guillaume il reconnaissait l'expression de la volonté du Ciel, dont aucun raisonnement, si spécieux qu'il fût, n'était capable même momentanément d'en ajourner l'exécution. Il acquit dans ce but l'autre partie du *Gué-de-Baux* « refféré dans l'acte du 9 mars 1660, » par un contrat en date du 5 mars 1669. « Ce pré relève de Cucé; il est franc de rente. »

Gilles Regnier, quoique privé de la présence de son père et des conseils qu'il recevait avec tant de plaisir en écoutant cette voix dont le timbre, hélas! ne venait plus frapper son oreille, ne cessa jamais de s'inspirer de ses souvenirs. S'il avait renoncé au barreau, quitté le monde, s'était vu élevé à la dignité sacerdotale, et nommé aumônier-directeur, ce n'était point pour ne s'occuper que du soulagement des misères matérielles des malheureux qu'il prétendait aider. En esprit, il était toujours avec ce bien-aimé Père qui, du haut du Ciel, veillait sur lui. Guillaume lui avait appris, le premier, qu'autant la durée de l'éternité l'emporte sur le temps, autant le salut des âmes devait l'emporter dans son cœur sur celui des corps. C'était Guillaume encore avec sa pieuse compagne qui avaient appris à Gilles toute l'excellence de la prière, son mérite particulier lorsqu'elle part du cœur des pauvres.

Des deux fondations qu'il avait faites pour jouir de cette faveur, une n'avait point été exécutée, c'était celle du 9 mars 1660. Gilles s'empressa donc de réparer ce vide et le fit avec d'autant plus de zèle que la perte récente de son père semblait lui en faire une obligation plus étroite. Tel est le but de la fondation, n° 29, qui, « par acte du » 14 février 1676, établit à perpétuité une messe à basse voix pour tous les dimanches, pour la commodité des pauvres » de l'hôpital et des voisins de l'établissement. Cette messe doit être dite à 6 heures en été et à 7 heures en hiver, » avec prière nominale à la post-communion pour le sieur Regnier et les siens. »

On peut déjà juger de l'importance qu'avait acquise cette maison à cette époque par les mesures qui furent jugées nécessaires et par les priviléges dont il fut doté.

Les six lits qui, dans le principe avaient été suffisants, s'étaient multipliés en proportion géométrique; et, quelque grand que fut le zèle du pieux aumônier, le travail dépassait tellement la mesure de ses forces que par un acte du 7 octobre 1673, Monseigneur l'Evêque de Rennes jugea bon de lui adjoindre deux prêtres chapelains et permit d'avoir dans la chapelle un tabernacle et le Saint-Sacrement.

Gilles voyait donc avec un indicible bonheur mûrir les fruits des bonnes œuvres de son père; ce n'était point encore assez pour lui. En mourant, Guillaume s'était reposé sur son fils pour continuer le Petit Saint-Méen, il parut aussi naturel à ce dernier de s'assurer des moyens qui devaient en perpétuer l'existence lorsqu'il plairait à Dieu de l'appeler à lui pour récompenser une vie qu'il consacra pendant un demi siècle au service des pauvres et de l'hôpital. Dans ce but il s'aboucha avec l'administration de l'hôpital général. Aux fins *de lettres patentes* du mois d'avril 1679 il rattacha le Petit Saint-Méen aux autres hospices de la ville, *en conservant, toutefois, ses revenus et ses fondations propres.*

De plus, le 19 février 1693, il fournit déclaration au domaine des gens de main-morte; et, par sentence du présidial de Rennes, en date du 7 décembre 1702, il obtint pour les terres de l'hôpital, sises en la paroisse de Cesson, exemption complète de tailles et de fouages.

De ce qui précède il résulte que bien que rattaché aux hospices de Rennes, celui du Tertre-de-Joué n'a jamais cessé d'avoir son administration propre, ses priviléges et ses immunités. Ce fait est constaté par tous les documents conservés à l'établissement, aussi bien que par la notice de M. Ange de Léon, en date de 1858.

Gilles continua de diriger l'hôpital au point de vue du temporel et du spirituel pendant cinquante-cinq ans, savoir : douze ans sous les yeux de son père, quarante-trois ans après le décès de celui-ci.

Pendant ce long espace de temps il augmenta successivement les domaines de Saint-Méen. Mais il eut parfois des moments difficiles pendant lesquels son abnégation fut grandement éprouvée.

A la mort de son père et par suite du partage de sa succession entre les enfants, les intérêts de l'hôpital se trouvèrent mêlés aux intérêts des membres de ceux-ci. Gilles Regnier juste, autant que bon, eut souvent besoin pour ménager des intérêts opposés de joindre à un dévoûment sans borne une prudence et une foi presque sans limites.

Le contrat du 12 juin 1668, qui opéra le partage des biens de Guillaume, fit passer au vif regret de Gilles Regnier, la *pièce sous Joué* et *le champ aux Maillards* des domaines de l'hôpital dans les mains de Roberde Regnier sa fille. Celle-ci, le vendit, *à titre de réméré*, au sieur Jan Greffier du Bois Launais.

Cette cession causait un préjudice réel à l'asile, et cependant les circonstances ne permettaient point à Roberde Regnier d'en faire l'abandon au profit de l'hôpital sans être indemnisée elle-même. D'un autre côté, les charges qui pesaient sur l'établissement et sur Gilles Rignier empêchaient ce dernier de pouvoir acquérir cette pièce de terre si utile à l'asile. Ce fut donc un double chagrin pour Gilles. Il eut été heureux que sa situation financière lui permit de rendre service à sa sœur Roberde et d'acquérir au profit de l'hôpital, ces deux champs qui pendant longtemps en avaient été comme des dépendances. Mais la cession qui en était faite à un étranger rendait la chose difficile, sinon impossible.

Cependant, plein de confiance en la miséricorde divine, il s'adressa au Très-Haut; sa prière monta jusqu'au Ciel, et Dieu se chargea lui-même d'aider son serviteur. Il se servit, comme moyen, d'une pieuse famille, la famille de Cadillac, qui, instruite des tribulations du saint aumônier, lui offrit de la manière la plus gracieuse ses bons offices. Afin de n'être point refusée, et pour mieux ménager sa légitime susceptibilité, elle prit pour prétexte une fondation dont le montant permettait la restitution des parcelles soustraites au domaine de Saint-Méen. Gilles Regnier reconnut la main de Dieu dans ce secours inattendu. Il s'empressa d'en témoigner sa reconnaissance à Celui dont le regard protège l'humble de la terre : *Quis sicut Dominus Deus noster, qui in altis habitat et humilia respicit in cœlo et in terra.* Par suite de ce secours si précieux et si opportun, Gilles put intenter une action au sieur Jan Greffier du Bois Launay, à l'effet d'exercer le droit de réméré stipulé par sa sœur.

« Par sentence du 28 mai 1670, le sieur Gilles Regnier s'en fit adjuger le retrait lignager, moyennant la somme de » mille livres, que le sieur et dame de Cadillac payèrent en son acquit suivant acte du 1er août 1672. Aux fins de » cet acte, et en vertu de la somme de mille livres qu'ils payaient, le sieur et dame de Cadillac fondèrent à perpétuité » une messe à basse voix pour tous les lundis de chaque semaine, et la litanie de la Vierge, suivie du *De profundis*, » pour tous les samedis aussi de chaque semaine. » Telle est l'origine de la fondation faite par les sieur et dame de Cadillac.

Si les épreuves vinrent souvent au-devant de Gilles Regnier, elles ne le trouvèrent jamais au dépourvu. On peut dire que chaque fois qu'un chagrin venait fondre sur lui ou sur les siens, il savait, à l'exemple de saint Vincent-de-Paul, arranger les choses également à la gloire de Dieu et pour le soulagement des misères de ses semblables.

La conduite qu'il tint au mois d'octobre de la même année 1670, en fournit une nouvelle preuve et met en évidence cette vérité, que les hommes devraient moins perdre de vue : *Ce que l'on fait pour Dieu n'est jamais perdu.*

Peu de temps avant sa mort, Guillaume Regnier avait associé un de ses frères, plus jeune que lui, Denis Regnier, et Jacquette Aloué, son épouse, dans la fondation de l'hôpital du Tertre-de-Joué; mais des circonstances défavorables réduisirent ces derniers dans un état de détresse tel, qu'après leur mort la saisie fut mise sur leurs biens.

Gilles Regnier, comprenant son devoir, s'empressa d'user de tous les moyens légitimes pour défendre la mémoire de son oncle et de sa tante.

On lit, en effet, que « par contrat *judicis* du 16 octobre 1670, le sieur Gilles Regnier acquit, pour le nom du
» sieur Torigné Drouet, les héritages saisis sur le sieur Denis Regnier et Jacquette Aloué, son épouse. Ces héritages
» consistaient en une maison et différents logements, avec un pressoir, une chambre au-devant, un four au-dessous,
» moitié du grand jardin au bout; une petite pièce de terre, nommée la *Petite Pièce-sous Joué*, contenant deux tiers
» de journal; la moitié de la *Grande Pièce sous Joué*, contenant un journal et demi de terre; en une maison située
» près la rue de la Cordonnerie, et en une boutique joignant le pilier de la salle basse de l'ancien présidial. »

Parmi les différents lots dont se composaient les héritages de Denis Regnier, acquis par son neveu, la maison de la ruelle de la Cordonnerie et la boutique joignant le pilier de la salle basse de l'ancien présidial, étaient tout-à-fait inutiles à Gilles Regnier, qui n'en pouvait retirer qu'un très-modeste revenu. D'un autre côté, il pensa que le capital serait plus fructueusement employé au Petit Saint-Méen, aussi ne tarda-t-il pas à s'en défaire, ainsi que cela résulte d'un contrat du 26 juin 1686.

Tous ces héritages, à l'exception de la maison de la Cordonnerie et de la boutique, relevaient de l'abbaye Saint-Georges et étaient francs de rente.

Les 15 novembre 1678 et 13 juillet 1680, Gilles Regnier augmenta les possessions de Saint-Méen de trois maisons et dépendances, situées en face de l'hôpital.

Les maisons ont été abattues depuis; tout le terrain qu'elles occupaient, et leurs dépendances, forment aujourd'hui un enclos qui a longtemps servi de séchoir; cet enclos a été ultérieurement divisé en deux parties, dont l'une est le jardin particulier attaché à la direction, et l'autre le jardin de l'économe.

Ces diverses maisons et dépendances, dans le principe, avaient appartenu au sieur Georges de l'Hermitais et à demoiselle Guillemette l'Ouffet, son épouse. A leur mort, ces possessions furent divisées entre leurs nombreux héritiers, ce qui donna lieu à diverses transactions, savoir :

1° Le 26 février 1670; 2° le 5 novembre 1676; 3° le 26 février 1677; 4° le 19 mai 1677; 5° le 19 septembre 1677; 6° le 6 décembre 1677; enfin, le 13 juillet 1680. Tous ces héritages relevaient de Cucé, mais sans rente. Gilles Regnier, dans son contrat d'acquêt, s'était engagé à payer à la fabrique de Toussaints une rente de trois livres, qu'il franchit ensuite par un acte du 6 septembre 1685.

En dehors du domaine et des dépendances du Tertre-de-Joué, Gilles avait doté son hôpital d'immeubles assez importants, auxquels ses successeurs ajoutèrent encore par la suite des temps.

Ainsi, par contrat du 27 novembre 1671, il avait acquis des Chartreux d'Aurai la *métairie de la Salmonière.*
» Ceux-ci, disent les titres, la tenaient de messire Jean Louvel, conseiller au Parlement de Bretagne (1570), qui,
» par son testament du 5 mai 1580, leur en avait fait don. Cette métairie relève du prieuré de Vaux, à charge de
» dix sols tournois de rente, conformément à l'aveu du 5 août 1615. »

Tant de désintéressement et de zèle pour les pauvres, malgré l'humilité de l'aumônier, qui s'efforçait d'en déguiser l'importance, ne pouvait passer complétement inaperçu. D'ailleurs, il est bon que les vertus éminentes soient même récompensées en ce monde, tant pour encourager les faibles que pour confondre les méchants. Il y a plus, l'intérêt du bien que l'on veut obtenir exige quelquefois qu'il soit mis en relief, pour qu'il puisse produire tous ses fruits.

Guidé par ces motifs, Mgr de la Vieux-Ville, abbé de Sévigné, alors évêque de Rennes, témoin des bénédictions que Dieu répandait sur toutes les entreprises de Gilles Regnier, appréciant les services signalés qu'une conduite aussi remarquable rendait à la Religion, voulut lui donner une sanction méritée en accordant : « 1° l'amortissement
» de la métairie de la Salmonière, qui dépendait de Sa Grandeur par le prieuré de Vaux, et 2° il ajouta à cette libéralité
» par un acte du 4 mars 1671, une petite quantité de terre contenant trois cordes ou environ, qui lui était venue
» d'une déshérence et dont il dota l'hôpital. »

Cinq ans après, le 23 mai 1676, Gilles échangea la pièce de l'*Ecotay*, dépendant de cette métairie, avec une quantité de terre, au bout vers occident d'une pièce appelée la *Petite-Tasse*, et qui fait aujourd'hui partie de la métairie de la *Salmonière*.

Enfin, il augmenta cette propriété de différentes parcelles de terre acquises successivement :

1° « Suivant contrat du 12 décembre 1682, par lequel il obtient de Jan Hunault et consorts moitié d'une grange » construite sur le pâty de la Frinière, avec partie de cour au-devant, une quantité de jardin appelée le *Jardin* » *de la Vigne-Longue*, et une quantité de terre à prendre, au bout vers soleil levant, d'une pièce de terre appelée » le *Courdas*.

2° « Par un autre contrat du 19 du même mois de décembre 1682, il acquit de Mathias Rouillard deux maisons avec » cour, jardin au derrière et un petit au-devant, un troisième jardin, une autre petite quantité de jardin et une pièce de » terre appelée le *Clos-Nonais*, le tout situé au village de la Frinière, paroisse de Cesson; »

3° En vertu « d'un contrat du 18 septembre 1683, il acquit du sieur Claude de la Villeraye une portion de terre située » au village de la Frinière, nommée les *Quatre-Sillons*, dans la pièce des vignes de la Frinière; »

4° Par un autre « contrat du 11 octobre 1685 il acheta du même sieur Claude (ici le titre écrit Guilleraye, nom qui est » écrit avec incertitude puisqu'il est non seulement écrit de deux manières différentes, mais il a été écrit d'une autre » manière encore puis effacé) une maison avec cour au devant, un jardin la joignant et une quantité de terre dans la » pièce du *Courdasse*, contenant environ quarante-quatre cordes, le tout situé au village de la Frinière;

5° » Par contrat du 27 octobre 1686, il acquit de Jacques Glorieux et femme une quantité de terre au bout vers orient » d'une pièce de terre appelée la *Petite-Tasse*, située près le lieu de la Salmonière;

6° » Par celui du 7 juin 1687, Perrine Glorieux, veuve Coillot et consorts, lui cédaient deux tierces parties dans la » pièce des *Tasses*, située au village de la Frinière;

7° » Par celui du 31 décembre 1689 il acquérait d'Anne Dogois et consorts une quantité de terre faisant la tierce partie » d'une pièce appelée la *Petite-Tasse*, située près le lieu de la Salmonière; »

8° Enfin, « par l'acte du 27 avril 1692, le sieur Regnier acquit de Jacques Monnier et femme une quantité de jardin, » située au côté vers orient du jardin de la petite Salmonière, au village de la Frinière. Toutes les quantités de terre ci- » dessus dénommées, relèvent du prieuré de Vaux sans rentes. »

D'autre part, encore, par un acte du 20 juin 1678, il abandonna à l'hôpital une boutique échoppée sur la rue de l'Isle, qu'il avait acquise par son contrat du 25 mars 1669, du sieur Pierre Regnier de la Garenne.

Comme elle relevait du Roi, il la franchit par contrat du 27 avril 1693.

CHAPITRE VII.

MORT DE GILLES REGNIER. — PROCÈS INTENTÉ PAR SES HÉRITIERS. — M. LE LIÈVRE LUI SUCCÈDE COMME DIRECTEUR.

Le lecteur aura sans doute remarqué combien Saint-Méen, avait grandi pendant les dernières années de la sage direction de Gilles Regnier; aussi les nombreux bienfaits qu'il répandait autour de lui, loin de diminuer ses ressources ressemblaient à des semences qui germaient constamment plus nombreuses et plus riches.

Sa longue carrière ajoutée à celle de son père avait rendu pendant plus d'un siècle ce nom tellement populaire qu'il était devenu synonyme de charité.

Dieu lui-même semblait n'avoir prolongé si longtemps ces deux existences que pour mieux en caractériser la noblesse et l'héroïsme unis à la plus complète abnégation chrétienne.

Cependant l'heure où le divin Maître allait appeler son serviteur-bien aimé pour couronner sa belle vie devait bientôt sonner. Entouré de ses pauvres, de ses chapelains, de ses proches et de ses amis, Gilles Regnier, malgré les fatigues de son grand âge et les souffrances de ses derniers moments trouvait encore la force de les consoler. Il aurait voulu dans son humilité persuader à tous son inutilité pendant son exil sur la terre; il réclamait de tous comme une faveur dont il se jugeait indigne, un souvenir devant Dieu, et de constantes prières pour lui mériter le ciel. Ce fut dans les sentiments de la plus humble et de la plus fervente piété qu'il rendit son âme à Dieu, le 17 Mai 1707.

Selon le désir qu'il en avait exprimé, il fut enterré dans la chapelle de l'hôpital comme son père dont il partagea le tombeau. Une pierre sépulcrale, monolithe granitique de 80 centimètres de large sur 2 mètres 35 de long fut placée au dessus de leurs restes mortels afin de rappeler aux pauvres et aux voisins du lieu la vive charité de ces deux justes, et les derniers vœux de leur cœur.

Pendant la terreur, cet insigne de la reconnaissance des pauvres fut enlevé de la chapelle. A cette époque de sinistre mémoire, on l'utilisa comme dallage dans une souillarde de l'établissement, où il avait été complétement oublié jusqu'en 1839.

On doit aux soins de M. Jousselin, économe actuel de Saint-Méen, le rétablissement de cette pierre tumulaire en son lieu primitif.

Après la mort de Gilles Regnier, soit qu'il n'eût pas fait de testament, soit, ce qui est plus probable, que les clauses en aient été mal déterminées, il s'éleva, disent les titres, « de grandes contestations entre ses héritiers et messieurs les
» administrateurs des hôpitaux au sujet du partage des biens appartenant à l'hôpital et ceux appartenant au sieur Gilles
» Regnier, dont la succession avait été acceptée sous bénéfice d'inventaire. Mais, par transaction du 8 octobre 1708, les
». héritiers du sieur Gilles Regnier abandonnèrent à l'hôpital ce qu'ils auraient pu prétendre, moyennant une somme
» de..... ..... » dont nous n'avons pu retrouver le chiffre. « Et par sentence rendue en la juridiction de Saint-Georges
» le 22 décembre de la même année, cette transaction fut homologuée. »

Telle était alors l'importance de Saint-Méen, et la vivacité des contestations qui s'étaient produites lors du décès de Gilles Regnier, qu'à peine deux mois s'étaient écoulés, lorsque le Parlement de Bretagne en fut saisi.

Ce fait résulte d'un arrêt en date du 14 juillet 1707, par lequel toutes les contestations concernant l'hôpital furent commises à la grande chambre du Parlement de Bretagne.

Il est un fait qui par lui-même démontre le vif intérêt que chacun portait à la fondation de la famille Regnier, l'empressement que l'on mettait à la doter de priviléges, qui s'étendaient jusqu'aux domestiques de l'établissement, comme le prouve l'ordonnance de M. l'Intendant en date du 1ᵉʳ septembre 1743, de laquelle il ressort que « les domestiques de
» l'hôpital furent exempts de tirer à la milice.

C'est ainsi que Monseigneur de Cucé, archevêque d'Aix, par lettres du 23 janvier 1782, déclara faire remise à l'hôpital de toute rente dont celui-ci pouvait être redevable à Sa Grandeur « par suite de l'acquisition que son administration fit
» le 6 juillet 1781 de la pièce de terre contenant vingt cordes, et appelée Malitourne, et d'une autre pièce de terre appelée
» la *Pièce-de-sous-Joué*, contenant quarante-huit cordes et demi de terre. » Ce lieu acquis de la demoiselle Noëlle Hilbert, veuve Fournier, relève de Cucé, à l'exception « des vingt cordes de terre ou environ à prendre dans la pièce de *Malitourne*
» qui y furent réunies par le sieur Vivier, aux fins d'un contrat d'échange du 26 juillet 1763. Ces vingt cordes relèvent
» de Saint-Georges à charge de trois deniers monnaye, et ce qui relève de Cucé y devait une rente de trois quarts de
» boisseau de froment rouge et six sols onze deniers monnaye; que par acte du 4 juin de la même année, madame de
» Grisac, abbesse de Saint-Georges, déclara faire également remise des lods et ventes luy dubs à raison des vingt cordes
» de terre dans la pièce de Malitourne. Mais ne pouvant recevoir l'indemité de ces vingt cordes de terre, sans aliéner le
» temporel de son abbaye, pour tenir lieu de ce droit d'indemnité, l'hôpital créa par le même acte au profit de l'abbaye
» de Saint-Georges une rente annuelle foncière et non franchissable de trois livres huit sols. Les levées de laquelle madame
» de Grisac déclara ne point exiger pendant qu'elle serait abbesse de Saint-Georges. »

Mais l'exemple le plus touchant de la profonde vénération qu'inspirait le nom de Gilles Regnier résulte des acquisitions que « Marie-Corentine Couadeleu ou Coutaleu fit au profit de l'hôpital. Par un premier contrat du 23 mai 1711, Marie
» Corentine acquit de la dame de la Marche, veuve du sieur Collin de la Biochays, le *pré de Joué*, contenant trois journaux
» deux cordes de terre. Le sieur de la Biochays l'avait acquis du sieur Buchet et consorts par contrat du 28 avril 1662. Ce
» pré relève de Saint-Georges, est franc de rente. Suivant acte du 18 novembre 1712, le droit d'indemnité fut payé à
» l'abbesse de Saint-Georges. Par un second acte du 3 octobre 1718, elle acquit de la dame Le Meneust, veuve Poulard, le
» lieu de la Ballerie, à charge au directeur de cet hôpital de faire dire après son décès, à son intention et pour le repos
» de l'âme de la personne qui avait donné les fonds pour faire cette acquisition, *le chapelet aux pauvres trois fois la semaine.*
» Cette métairie relève roturièrement de la seigneurie du Bois-Arcan. » Et par un acte du 24 août 1719, celui-ci consentit
» l'amortissement de cette métairie et l'affranchit des rentes par avoines, grains, pontes et corvées, se réservant les rentes
» en deniers. »

» Suivant une sentence d'un punissement d'aveu du 1ᵉʳ mars 1705, il est dub à la seigneurie du Bois-Arcan, d'un arrêt
» la rente de deux sols dix deniers monnoye, et sur la pièce de la *Fromendière*, celle de douze sols monnoye. »

» Suivant une quittance de M. Leprêtre de Château-Giron du 19 décembre 1726, et attachée au contrat du 3 octobre
» 1718, il paroit que la métairie de la Ballerie doit à la baronnie de Château-Giron en sa priorité de châtellenie du Bois-

» Arcan, cinq boisseaux trois mesures et un huitième de mesure d'avoine menuë, mesure de Château-Giron. » — Conformément aux derniers vœux de Gilles Regnier, l'abbé Le Lièvre, l'un des chapelains de Saint-Méen, fut appelé à lui succéder dans la direction de l'établissement. C'est à lui que l'hôpital dût l'acquisition d'une pièce de terre dite la pièce de *Salverte*, en la paroisse de Saint-Hélier. On lit à ce sujet : « Par contrat du 7 février 1709, le sieur Le Lièvre, directeur de « l'hôpital de Joué, acquit pour ledit hôpital du sieur François Marion une moitié de la pièce de la Salverte. »

L'abbé Le Lièvre fut nommé, comme nous l'avons dit, sur la demande même de Gilles Regnier, qui se l'était associé dans la direction pendant les derniers temps de sa vie. Il remplit les fonctions de directeur intérimaire du 17 mai 1707 au 1er juin suivant, date de sa nomination définitive.

Pendant les dernières années de Gilles Regnier, il y avait, en comptant le pieux fondateur lui-même, quatre prêtres à Saint-Méen, dont trois remplissaient les fonctions de chapelains. Ces prêtres étaient MM. Le Lievre, Mathurin, Martel et Bellier. Depuis la nomination de M. Le Lievre, des comptes annuels furent faits chaque année et sont conservés. Le premier acte en ce genre que nous ayons trouvé consiste en un compte, présenté en son nom à Mgr l'évêque de Rennes, commençant ainsi :

Compte tant en charge qu'en décharge que rend et présente à Monseigneur l'Illustrissime et Révérendissime Jean-Baptiste de Beaumanoir, Euesque de Rennes, et à Messieurs du Bureau de l'hopital Général Misire Mathurin Le Liéure prestre Directeur au spirituel et au temporel de l'hopital et Aumosnerie de St Meen-du-Tertre de Joué, près Rennes, uni au dit hopital Général par les lettres de son Erection, de la gestion et administration qu'il a fait des biens dependants du dit hopital de Joüé pendant les années 1707, 1708, Et 1709, Ensemble des ausmosnes, fondations, et Revenus d'iceluy, à commencer le 17 may 1707 que mourut le sieur Regnier prestre précédent Directeur du dit hopital qui l'auoit appelé quelques temps auant pour l'y substituer à raison de sa maladie et ensuite après sa mort depuis sa reception en la dite fonction par le bureau qui fut le 1er juin suiuant.

Mathurin Le Lièvre administra donc l'hôpital Saint-Méen depuis le 17 mai 1707 jusqu'au 1er août 1722, c'est-à-dire pendant quinze ans. Comme son prédécesseur, il mourut dans ses fonctions, et ce fut sous son administration que saint Méen édifia cette partie de la Bretagne par le dévoùment d'une vierge qui n'ambitionna d'autre titre que celui de *Servante des pauvres*, et leur consecra sa vie et ses labeurs.

En lisant les documents restés à l'Asile, on ne se lasse pas d'admirer l'abnégation et le zèle des enfants de Gilles Regnier.

Ce saint prêtre avait si bien su gagner tous les cœurs à Dieu, que c'était à qui ferait le plus et le mieux sans autres témoins que sa propre conscience et l'œil du Créateur.

La plus grande régularité, unie à la plus étonnante simplicité, règne dans les comptes-rendus annuels des successeurs de Gilles, jusqu'à la République française.

CHAPITRE VIII.

L'ABBÉ BELLIER ET MARIE-CORENTINE COUTALEU.

L'abbé Bellier seconda admirablement M Le Lièvre pendant tout le temps de son administration ; il devint lui-même un des fondateurs de l'Asile, se distingua par la sagesse et le zèle qu'il mit toujours dans l'accomplissement de ses fonctions, et par son désintéressement et ses générosités.

Avant de raconter ce qui lui est personnel, nous ne pouvons résister au désir qui nous porte encore une fois à entretenir le lecteur d'un nom qui lui est connu et qui s'applique à une personne qui a dû exciter son admiration.

Marie-Corentine Couadeleu ou Couateleu, que nous avons vue si grande et si libérale, était encore loin d'avoir épuisé la source généreuse qui, par sa main, versait à pleine coupe dans le sein des pauvres les richesses dont elle pouvait disposer. Elle avait déjà donné à l'hôpital, par un premier contrat du 23 mai 1722, une pièce nommée le *Pré-de-Joué ;* par un second contrat du 3 octobre 1718, la métairie de la Ballerie était venue grandir les domaines de Saint-Méen : malgré cela, son cœur n'était pas satisfait. En effet, l'abbé Le Lièvre avait acheté pour Saint-Méen une moitié de la pièce de terre nommée *la Salverte ;* or, pour elle, l'acte du 7 février 1709 était resté imparfait . rien n'aurait pu lui faire admettre qu'une moitié de champ fût à Saint-Méen, sans que l'autre moitié ne dût lui appartenir.

Infatigable autant que bonne, cette idée la poursuivait nuit et jour et ne lui laissait ni repos ni trève ; elle se mit donc en campagne pour arriver à ses fins. Vouloir, pour Marie-Corentine, c'était synonyme d'avoir, quand il s'agissait de Dieu et des pauvres. Elle nous en donne une preuve éloquente dans le contrat du 2 août 1720, par lequel « Marie-Corentine » Couadeleu ou Coutaleu acquit pour l'hopital l'autre moitié de la pièce de terre nommée *Salverte* du sieur de la « Chaussonnière. Cette partie relève de l'abbaye de Saint-Melaine, sans rente. »

Ce n'était point encore assez pour son zèle : les affaires de saint Méen étaient ses affaires les plus chères. Saint Méen aimait, soulageait, consolait les pauvres, et le divin Maître avait dit : *Ce que vous ferez au plus petit d'entre ceux-ci, je le regarderai comme fait à moi-même ; un verre d'eau donné aux pauvres en mon nom ne sera point sans récompense.* En fallait-il davantage ponr Marie-Corentine, qui dans chaque pauvre voyait Jésus-Christ lui-même? Dans sa foi vive et simple comme la vérité, son cœur souffrait de toutes les souffrances d'autrui ; et si l'on veut bien remarquer qu'elle voyait le Rédempteur du monde dans chacun des pauvres, on comprend bien vite l'amour passionné qu'elle leur portait et tout l'empressement que cette humble et pieuse fille devait mettre à trouver les moyens de leur venir en aide. Si cette bonne petite servante des pauvres avait blâmé l'imperfection du contrat du 7 février 1709, elle ne trouva pas meilleur celui du 25 mars 1669, quoiqu'il eût été passé par Gilles Regnier lui-même. En effet; il avait acheté une boutique échoppée, au-devant d'une maison située rue de l'Isle, sans acqnérir la maison elle-même. Nous avons vu combien ces sortes de marchés choquaient son jugement. Puisque la boutique appartenait à l'hôpital, donc il devait avoir la maison. Et de rechef, notre bonne et vertueuse fille se fit un devoir de réparer l'omission qu'une bourse mieux fournie que celle de Gilles Ragnier n'aurait point faite. Car, disait-elle, puisque les gens de Saint-Méen ne savent point faire leurs affaires, il faut bien y suppléer par moi-même. Et, par un nouveau contrat du 14 juillet 1719, Marie-Corentine « acquit au profit de l'hôpital de Joué une maison » située rue de l'Isle, de demoiselle Julienne Vatard. L'escalier de cette maison était lors commun avec celle de la veuve » Cloteau, qui est au-devant. Mais, pour éviter à la contribution aux réparations, la veuve Cloteau déclara, par acte du » 1er août 1721, renoncer à la communauté de cet escalier, et à tout passage par i-celuy.

» Cette maison relève roturièrement du Roi; et quoique par le contrat d'acquêt elle fut déclarée franche de rente; il » paraît cependant, par une quittance du 14 janvier 1755, qu'elle en doit au domaine. »

En lisant ces pages si pleines d'une touchante naïveté, on ne se lasse point d'admirer combien est noble et sublime l'héroïsme de la charité chrétienne. Ces temps reculés nous apparaissent alors sous un jour qui inspire le respect et l'admiration. Nous y retrouvons des caractères dont auraient droit de s'honorer les époques les plus civilisées.

Le sou d'une autre pauvre servante de Lyon s'est multiplié sous l'œil du Très-Haut en millions pour évangéliser le monde. Et la terre n'a pas un seul point qui ne soit aujourd'hui couvert des trésors inépuisables que ne cesse de répandre l'œuvre de la Propagation de la Foi !

Marie-Corentine, fille chrétienne, ne vécut, ne travailla, ne souffrit que pour les pauvres; son testament, en faveur de l'hôpital des pauvres, vint prouver que sa dernière pensée fut une pensée d'amour pour eux.

C'est donc une œuvre de justice de constater que si l'asile Saint-Méen eût la famille des Regnier pour père, il eût aussi pour mère Marie-Corentine Coutaleu.

CHAPITRE IX.

L'ABBÉ BELLIER DONNE A L'HÔPITAL LA PETITE MÉTAIRIE SOUS JOUÉ.

L'abbé Bellier, digne émule de Marie-Corentine, bien décidé à contribuer à la prospérité de l'œuvre charitable fondée par la famille Regnier, lui consacra ses forces, sa fortune et son temps. Aussi le voit-on, dès l'année qui suivit le décès de Gilles Regnier, prendre une part active au développement de Saint-Méen.

Son désintéressement ne fut pas moins grand que les autres qualités qu'il déploya comme chapelain. Les documents écrits nous apprennent que, « par un acte du 25 septembre 1708, le sieur Bellier, prêtre, acquit de Julien Blais, au » profit de l'hôpital de Joué, la *petite métairie de Joué* à charge au directeur de faire célébrer tous les ans *à perpétuité* par » deux prêtres au moins et à haute voix dans la chapelle dudit hôpital, trois services : le premier à Marie-Corentine » Coutaleu, le jour de sa sépulture; le second le jour du décès de Gilles Regnier, et le troisième le jour des morts, et

» une messe à basse voix toutes les semaines à l'intention de Marie-Corentine Les services dont il est ici parlé doivent
» être suivis d'un *libera*. Ceux qui doivent être chantés à l'intention de Corentine doivent l'être dans le cimetière, ainsi
» que celui qui doit être chanté le jour des morts. Et celui à l'intention du sieur Gilles Regnier doit être chanté sur sa
» tombe.

 » Blais avait acquis cette métairie par contrat du 4 mai 1707 du sieur Louis Bourdais, greffier en chef du présidial,
» qui l'avait faite au moyen de différentes acquisitions, » résultant des actes suivants : 1° le 1er août 1690; 2° le
» 11 septembre 1690; 3° le 21 avril 1691; 4° le 4 octobre 1691; 5° le 4 octobre 1691.

 » Cette métairie relève de l'abbaye de Saint-Georges, à charge de 5 sols monnaye d'une part, de quinze deniers et de
» trois deniers. L'indemnité et l'amortissement en ont été payés à l'abbaye de Saint-Georges, aux fins d'un acte du
» 18 novembre 1612. »

L'abbé Bellier juste appréciateur des vertus de Marie-Corentine est d'autant plus admirable qu'il semble la prendre pour
modèle et s'oublier lui-même dans sa fondation comme cette pieuse fille lui en avait donné l'exemple la première.

Aux largesses qu'elle fait avec tant d'empressement et que son testament vint si bien couronner, la bonne Corentine
n'avait réclamé en échange que la récitation du chapelet par les pauvres trois fois la semaine. Quel désintéressement!
Quelle belle âme! Quelle foi!

Corentine quittant ce monde dût certainement s'envoler au Ciel où se trouve le prix des vertus qu'elle avait si bien
pratiquées, et il y a tout lieu de croire qu'elle n'avait nul besoin des prières des mortels pour arriver au séjour des élus.
Mais cependant l'abbé Bellier mérite d'autant mieux le tribut de nos éloges, que ses libéralités étaient dictées par un
esprit vraiment apostolique.

Prier pour Corentine n'était pas seulement un acte de justice ordinaire, c'était pour les pauvres de Saint-Méen une
obligation d'autant plus impérieuse qu'elle comportait en elle-même un grand enseignement. L'homme est oublieux par
nature, et les bienfaits les plus signalés comme les plus nobles exemples ne l'impressionnent pas toujours d'une manière
durable. Le temps, peu à peu, enlève aux tableaux qui frappent son imagination le coloris, l'éclat et la vivacité des tons
qui avaient un instant captivé son attention: heureux encore quand le sujet lui-même ne disparaît pas tout entier. Prier
pour Corentine, c'était donc rappeler ses bienfaits, c'était faire revivre dans l'esprit et dans les cœurs des pauvres qu'elle
avait tant aimés, cette vie de sacrifices et de dévoûment continuel cachés sous les traits d'une humble vierge. Prier pour
Corentine, c'était prêcher la soumission à la volonté de Dieu dans les accidents de la vie. Elle était le meilleur modèle
d'abnégation volontaire, et l'exemple le plus touchant à proposer à ceux qui n'avaient besoin que de pratiquer la simple
résignation. Prier pour Corentine c'était aussi sa glorification, car pour les heureux témoins de ses vertus, que la Providence laissait encore sur la terre, c'était la prière de l'invocation. Oui, pour ces derniers, prier pour Corentine c'était
demander les suffrages d'une hôte céleste nouvellement arrivée à la gloire.

Mais il nous est difficile de ne pas faire part au lecteur du regret que nous éprouvons en traçant ces lignes, lorsque
nous nous rappelons tant de pieuses fondations si injustement tombées dans l'oubli.

Sans doute il en est aujourd'hui dont l'accomplissement ne se ferait pas sans difficulté. Le *libera* chanté au cimetière
serait à peu près impossible actuellement, parce que le cimetière de Saint-Méen n'existe plus depuis longtemps.

Ce n'est pas cependant que la nécessité de son établissement soit moins grande maintenant qu'autrefois. Jamais, au
contraire, l'urgence n'en fut mieux sentie, tant à cause de la population du lieu que par l'éloignement du cimetière
commun et des difficultés de toute nature qu'engendre à l'établissement la conduite des morts à plus de six kilomètres de
distance.

Espérons toutefois que notre faible voix trouvera quelqu'écho puissant qui rendra moins inutiles nos efforts isolés,
et que, dans un avenir assez prochain, l'asile départemental des aliénés d'Ille-et-Vilaine n'aura plus besoin de son
corbillard, et possédera un cimetière à sa proximité.

Nos sœurs de la charité appellent ce moment de tous leurs vœux; elles pourront alors accompagner les pauvres jusqu'à
leur dernière demeure, et continuer par un dernier acte de dévoûment pour eux leur mission charitable.

Le voisinage et la visite au Cimetière rappellera les vivants au respect des morts, qui ne quittent ce monde que pour
une meilleure vie : *Sancta ergo et salutaris cogitatio pro defunctis orare, in memoria æterna erit justus.*

A partir de 1707, époque du remplacement de Gilles Regnier par l'abbé Le Lièvre, la comptabilité de l'asile reçut une
organisation régulière; nous croyons utile de la faire connaître sommairement.

Elle fut établie en une espèce de partie double, l'une appelée *charge* et l'autre *décharge*.

Chaque compte-rendu annuel est précédé de l'entête qui suit :

COMPTE tant en charge que décharge, de l'an 1707, des ausmosnes, dons par testament, des troncs, offrandes et lectures d'Euangile, des messes dites au profit de l'hopital, des rentes constituées, de recvenus des fermes, des menus profits et ménagements, rendu par Misire Mathurin Le Lieure, prêtre et directeur de cet hôpital Saint-Méen-de-Joué, devant Messieurs les Commissaires nommés par le bureau de l'hôpital Général : et présenté le, etc.

Chaque nature de recette forme un chapitre à part. Cette première partie se termine par la formule suivante : « Le tout » de la recette de ladite année monte à la somme de.....   Total.....

La seconde partie est ainsi rédigée :

« Demande décharge le comptable de etc., suivant les détails.

Total de la dépense.....

Un résumé général établit la situation sous la rubrique suivante : La recette de l'année s'élève à la somme de

Le tout de la dépense monte à.....

Aprouvé *ledit compte.* »

Jusqu'à la fin de 1715 le compte-rendu fut seulement parafé par un des commissaires délégué, mais à partir de cette époque tous les commissaires et le directeur le signèrent ensemble. C'est ainsi que celui de l'année 1716 porte les noms de Michereil, Gouïn, Le Lièvre prêtre, Martel prêtre. On se ferait difficilement une idée de la modicité des dépenses d'un tel établissement, si l'on ne savait aussi combien il en coûtait peu pour vivre alors en Bretagne. Même en 1766 le relevé des comptes nous apprend qu'un domestique recevait au *maximum* 50 l. par an; le boulanger de la maison n'était payé que 6 l. par mois, soit 72 l. par an; les maîtres tisserands ne recevaient que 60 l. par an. Au f° 13, par exemple, on lit art. 12 « donné à Joseph Baumené, valet, pour ses gages jusqu'à ce jour de sa sortie, *à 45 l. par an*, eg. 30 l. »

En 1707 les aumônes s'élevèrent à la somme de 843 l. 14 s.

Les donateurs furent :

Monseigneur de Rennes, 100 l.; M. et Mme Masson, 100 l.; M. du Langouet, 100 l.; MM. Baralys et Ballet, 100 l.; M et Mlle Bourdais, 100 l.; M. de Francheville, avocat général, 50 l.; M. Marais, conseiller au Parlement, 43 l. Mme du Trillys, 20 l.; M. du Bois Hamon, 12 l.; M. de la Gaudinais, 50 l.; M. Busson, 15 l. 13 s.; MM. du Présidial, 15 l. 11 s.; M. Belier, prêtre, 12 l. 15 s.; M. du Hylyamois, 10 l.; Me Bodileau, 3 l. 5 s.; Mme de Kerlo, 10 l.; MM. les abbés Ferret, 36 l.; une demoiselle de Vitré, 19 l.

Le total des recettes de cette même année 1707 fut de. ....   1712 l. 19 s.

Celui de la dépense fut de........ .... 1186 l. 8 s.

Différence en plus. .... 526 l. 11 s.

La balance des comptes annuels de Saint-Méen ne varia pour ainsi dire pas jusqu'à 1720, époque à laquelle fut exécuté son premier agrandissement. En 1721 les comptes mentionnent le remboursement d'une somme de 11,705 l., 11 s., 2 d. employés aux constructions de salles et à l'agrandissement de la chapelle. Il est probable qu'il était déjà question depuis plusieurs années du placement des aliénés à Saint-Méen, et que les travaux entrepris avaient cet objet en vue, comme l'indique un plan fort ancien et sans date conservé à l'asile. Les premiers travaux d'agrandissement remontent à 1716 comme l'atteste le passage suivant :

» Déclare le comptable auoir payé cinquante sols pour la plaque de cuiure mise dans les fondements à l'endroit de » la cheminée des salles et y auoir fait grauer l'Ecusson des Armes de Monseigneur l'Illustrissime et Réuerendissime » Christophle-Louis-Turpin Crissé de Sansay, Euesque de Rennes, qui a mis la première pierre auxdits bastiments, après » une bénédiction solennelle, le 1er juillet 1716. »

En 1720 les recettes s'élevèrent à la somme de 11,705 livres, 11 sols, 2 deniers, et la dépense à 12,317 l. 14 s. 8 d. Le budget de cette année ne se trouva aussi gros que par les constructions exécutées.

L'année suivante la charge et la décharge étaient rentrées dans les limites ordinaires, soit 2,783 l., 9 s., 8 d. pour les recettes, et 2,152 l., 2 s., 9 d. pour les dépenses.

En 1720, le 24 décembre, une grande partie de la ville de Rennes fut détruite par un immense incendie. C'est de cette époque que date la reconstruction des principales rues qui l'ont transformée et en ont fait une ville des plus régulières. On trouve dans le chapitre des charges de 1721 des comptes de Saint-Méen une somme de 500 livres donnée par le duc d'Orléans pour être distribuée aux familles ruinées par cet incendie.

Mathurin Le Lièvre était depuis quinze ans directeur-aumônier et pendant toute la durée de sa gestion un des prêtres chapelains de l'hôpital, Messire Mathurin-Barthélemy Martel, son neveu, avait été constamment associé par lui aux travaux de l'administration.

Aucun autre n'était donc mieux en position de lui succéder, et l'on pouvait dire que la mort ne changeait rien aux conditions de l'hôpital, si ce n'était le nom du directeur. Par son testament, en date du 27 janvier 1720, Mathurin Le Lièvre sentant que sa fin était proche avait jeté les yeux sur son neveu, comme Guillaume Regnier sur son fils, et l'avait institué son exécuteur testamentaire. En mourant, il légua à l'hôpital toutes les avances qu'il avait faites pendant le temps de sa direction et le déchargea de toutes dettes envers ses héritiers, ainsi que l'exprime son testament au rapport de M⁰ Hirel, notaire, d'une part, et la réception du compte de gestion de 1721, d'autre part.

<h2 style="text-align:center">CHAPITRE X.</h2>

MATHURIN-BARTHÉLEMY MARTEL, DU 1ᵉʳ AOUT 1722 AU 3 FÉVRIER 1748.

Après la mort de son oncle, M. Mathurin-Barthélemy Martel fut installé par MM. les Commissaires du bureau, et prit possession de la direction. Ce fut sous son administration que les premiers aliénés en fort petit nombre (deux ou trois) furent placés dans l'établissement de 1725 à 1730. La première personne, dont le nom figure dans les archives, est une nommée Nicolle Harondelle que l'on qualifie de *faible d'esprit*. Née dans la paroisse de Bruc, elle fut placée à Saint-Méen en 1724 « par M. le Sénéchal de Rennes, qui a taxé les parents de donner 100 l. par an. Cette somme était payée à » l'hôpital par les services de Pierre Roüaux, curateur de ladite Nicolle. »

A partir de 1730, un chapitre spécial, dans la partie des charges, fut réservé aux transcriptions des pensions. En 1735, le nombre des pensionnaires était de sept, versant à l'hospice une somme totale de 322 l. Jusqu'alors là pension la plus élevée était celle de Nicolle, et les autres étaient de 60 l., 40 l., et 30 l. par an.

C'est à cette époque que remonte aussi l'établissement des premières religieuses appelées à soigner les malades. Elles furent choisies parmi les sœurs de Saint-Thomas-de-Villeneuve. Nous transcrivons ici un extrait du procès-verbal de leur installation.

« Etat de l'hôpital Saint-Méen-du-Tertre-de-Joué et procez verbal des maisons, meubles, linges, hardes et fournitures » qui se trouuent, le 19 décembre 1735, jour auquel les demoiselles de Saint-Thomas-de-Villeneuve ont entrés audit » hôpital pour en prendre le souin et gouvernement. Ledit état dressé selon l'ordre du bureau, suivant sa délibération » du 17 décembre 1735. »

Si l'on tient compte de la multitude des œuvres de charité qui se faisaient à Saint-Méen, on comprendra facilement la nécessité des nouveaux secours que la présence des saintes filles de Saint-Thomas venaient apporter. Ce besoin était si bien senti depuis un certain temps, qu'en 1725 madame la présidente de Marbœuf s'était engagée par contrat au rapport de M⁰ Biard à payer les frais et l'entretien de trois sœurs de la charité à partir du 1ᵉʳ janvier 1726.

Les pèlerins, les malades, les vieillards, les orphelins, les galeux, les teigneux, les idiots (comme plus tard les aliénés), étaient également reçus et traités avec ce dévoûment de la charité qui fait tout en vue de Dieu et n'attend que du Divin Maître la récompense du bien qu'elle accomplit.

L'hôpital Saint-Méen-de-Joué était une œuvre si chrétienne que tout s'y faisait avec la plus grande simplicité. Sœur Marie-Corentine, cette servante des pauvres, comme on l'appelait, ne se réservait quelque part dans ses propres revenus que pour jouir du bonheur de donner toujours. Le produit des messes des prêtres chapelains était pour les pauvres, et pour chaque messe il n'était demandé que dix sols, comme le prouvent les chapitres affectés à l'enregistrement des messes votives, où on lit :

« Se charge le comptable de soixante liures pour cent uingt messes qu'il a dites au profit de l'hopital, outre celles de » fondation. » (1724).

Aussi la renommée de Saint-Méen-de-Joué s'était étendue bien au-delà des limites de la contrée. A différentes époques la Cour du Roi s'était occupée de cet établissement, et le Souverain de la France daigna plus d'une fois correspondre directement avec l'aumônier-directeur, comme nous aurons à le faire connaître bientôt.

En 1724, par une ordonnance de Sa Majesté, en date du 24 décembre de cette année, on indemnisa l'hôpital d'une somme de 3,500 l. pour les pauvres que l'hôpital Général y avait placé, ainsi qu'en fait foi la déclaration suivante :

« Déclare le comptable de plus auoir Receu de Mr Ballan prêtre et receueur de l'hopital Général, pour la subsistance des
» pauvres dont on a surchargé cet hopital, suiuant l'ordre du Roy le 24 décembre 1724 quattre cent liures.

» De plus du dit sieur le 22 ianuier 1725.	800 l.
» De plus du dit sieur le 2 mars *id.*	800 l.
» De plus du dit sieur le 14 may *id.*	400 l.
» De plus du dit sieur le 25 iuin *id.*	600 l.
» De plus du dit sieur le 18 iuillet *id.*	500 l. »

La médecine fut exercée à peu près gratuitement jusqu'au 1er janvier 1730. Mais à partir de cette époque un
abonnement fut pris avec Me Cornu, ainsi que le constate le passage suivant de la décharge de 1731. « Trente liures
» à M. Cornu Me Chirurgien pour toutes les visites et saignées qu'il a fait à cet hopital l'an dernier echeu au 10 may et
» recontinu aux mêmes conditions. »

Jusque là, la plus forte dépense, pendant toute la durée d'un exercice, n'avait pas excédé 15 livres, y compris
les drogues et onguents. Cependant l'hôpital avait jusqu'à quatre-vingts malades et donnait encore séjour à trois ou
quatre cents pélerins jusqu'en 1720.

Trois ou quatre premières cellules pour les aliénés ne furent construites qu'à cette époque ; mais il est certain que les
projets sont bien antérieurs, comme le prouvent les dons faits à l'hôpital dans ce but.

Nous donnons ici les noms des principales personnes qui contribuèrent à l'établissement des nouveaux quartiers
de Saint-Méen-de-Joué. Cette liste se trouve à la charge du compte de 1721.

M. Le Grand, chantre de la cathédrale.	990 l.	
Mlle de la Piglais.	500 l.	
Mlle de Jussé	100 l.	
Mme de Querlau	100 l.	
M. Fournier l'aisné.	50 l.	
M. du Feillet.	64 l.	
M. Dampierre.	4 l.	
M. Thomas, fondeur de la monnoye.	5 l.	
M. Charmois	10 l.	
M. Contriscar	20 l.	
Mlle Voisin.	20 l.	
M. et dame Blanchardière-Morin	94 l.	4 s.
M. et dame Lory.	50 l.	
Mlle de La Rochequellen.	56 l.	
Mme la Présidente de Rochefort.	28 l.	
Mme la Marquise Masselin.	4 l.	13 s.
Mlle Lambert.	14 l.	
Mme Fournier.	20 l.	
Mlle du Maine.	5 l.	
Mme La Ferronnais, Religieuse Ursuline.	5 l.	
D'une adiudication par le Présidial.	10 l.	
MM. les enfants de Mme du Kilyamoyais.	30 l.	
Mlle Costerel.	48 l.	
Mlle Du Pin.	30 l.	
D'une adiudication du Parlement	9 l.	
M. St Luc.	6 l.	
M. Arot.	100 l.	
Mme de Montigny.	12 l.	
De la Juridiction de St Melaine	9 l.	
Mlle Du Rocher.	24 l.	
M. Du Poulpry.	5 l.	
M. Baraly.	200 l.	

Mme de Tizé de la Grande Visitation..................................... 10 l.

D'une d^{lle} de la Cour de Rennes.. .... 30 l.

MM. de la Chancellerie.......................... .... 5 l.

MM. de Toussaints .... 200 l.

Monseigneur l'Euesque......... .... 220 l.

M. De la Riuiere Chereil, Conseiller au Parlement.......................... 50 l.

Perlé......... . ... 1 l. 10 s.

M. Martel, neveu et coadiuteur du Directeur..... .... 100 l.

Ce fut à l'aide de ces dons que les premières cellules pour maintenir les agités furent installées en 1729, ainsi que le constate le passage suivant de la décharge de cette année : « Trante huit liures treize sols pour auoir fait mettre des grilles de fer et autres fournitures aux baraques de la cour. »

Dès cette époque les lits des agités devaient être fixés au sol. Mais si les malades étaient enchaînés, on doit à la vérité déclarer que, dans l'hôpital de Saint-Méen-de-Joué, la charité ménageait aux malheureux aliénés le confortable dans une mesure bien large pour le temps. Voici le plus pénible passage que contienne la décharge de 1730 : « Demande le
» comptable décharge de cent quinze livres treize sols pour des chaisnes de fer à boucles avec auisses, pour mettre dans les
» baraques des fols; de grands crampons pour arrester leurs litz et billots; pour de *gros poilles*; et pour crampons à ren-
» forcer le bas de leur porte; faire mettre des grilles de fer et des fenêtres à la baraque du gardien; une porte en bois à
» l'entrée de la cour et autres réparations, cy. . . . . 115 l. 13 s.

» Depuis peu de jours pour auoir fait refaire les dites chaisnes plus fortes et d'une autre manière à visses, la plus part
» était rompues, quinze livres, cy. . . . . 15 l.

» Vingt liures pour avoir fait mettre six grosses grilles de fer dans les lieux des fols, parce qu'ils mettaient tout
dedans, cy. . . . . 20 l.

» Dix liures un sol huit deniers en différentes petites minuties, cy . . . . 10 l. 1 s. 8 d.

Si, en lisant ces détails dont *les chaînes* forment la partie la plus triste, on éprouve une répugnance légitime, tout par ailleurs dans nos archives, témoigne en faveur de cette charité qui dévorait le cœur des âmes d'élite consacrées au soulagement de misères trop oubliées ailleurs. On ne voit nulle part dans l'histoire de Saint-Méen-de-Joué les traces de cette insouciance sauvage qui traitait les pauvres fous comme des bêtes féroces, vis-à-vis desquelles les mesures de précaution étaient le seul devoir à remplir.

Ces mesures qui se ressentent trop des idées du temps sont exagérées; mais on ne pensait pas alors qu'il fut possible *de priver les aliénés de feu pendant les rigueurs de l'hiver.* Des pieuses et saintes filles, des saints prêtres venaient le jour et la nuit dans la mesure limitée de leurs moyens, et par un dévoûment sans borne leur prodiguer les soins les plus affectueux et les consolations de la Religion.

Ah ! si délivré des préjugés qui dominaient cette époque, le personnel qui dirigeait cette maison, avait eu les ressources de notre siècle, qu'elle tendresse n'aurait-il pas dépensé pour ces victimes de l'un des plus grands fléaux de l'humanité ? L'abnégation dont les témoignages se trouvent partout, est une belle page que nous sommes heureux de puiser dans l'histoire de Saint-Méen-de-Joué. Elle repond dignement au tableau que l'on voyait alors dans la chapelle. Ce tableau qui a disparu en 1793, représentait l'abbé saint Méen offrant à N. S. Jésus-Christ tous les pauvres et les malades qu'il adoptait comme ses enfants. On apercevait derrière lui un vieillard dont les traits reflétaient les plus nobles vertus; il appuyait sa main sur l'épaule d'un jeune abbé d'une figure angélique et semblait lui rappeler que la terre n'est qu'un lieu d'exil et que le Ciel est la patrie des élus. De son côté, le jeune homme, plein de dignité dans sa tenue respectueuse, se trouvait entre saint Méen et le vieillard. Ceux-ci lui montraient le Sauveur du monde, le lui proposaient pour modèle en lui rappelant qu'il est la voie, la vérité et la vie.

Ce tableau objet si légitime de nos regrets, était compris dans les inventaires de la chapelle qui furent faits le 17 décembre 1735, et le 6 septembre 1740.

Au bas était une inscription que les titres relataient, sans en indiquer la teneur malheureusement. Dans la chapelle se trouvait établi un tronc spécial où les fidèles déposaient leurs aumônes pour le soulagement *des pauvres insensés.* C'était là que de pieuses personnes, pratiquant l'Évangile, venaient déposer des sommes quelquefois considérables, laissant ignorer à la main gauche ce qui glissait de la main droite; il n'était pas rare de trouver plusieurs centaines de livres ainsi versées dans le tronc.

En 1740 , une ordonnance du Parlement obligea l'établissement à tenir un registre de tous les malades admis. Ce registre devait être coté et paraphé par le premier Président. Mais l'exécution de cet arrêté ne date que de 1745.

Nous donnons le fac simile de la déclaration du premier Président de La Brisse d'Amilly qui se trouve en tête du registre de 1745, qui en constate la pleine et entière exécution.

Le présent registre, etc.

En 1745 on augmenta le nombre des cellules de deux, dont le prix d'installation s'éleva à 1371 l. 15 s. ainsi que cela résulte du chapitre spécial de la décharge de cette même année intitulé comme suit :

CHAPITRE X.

DE LA DÉPENSE FAITE POUR CONSTRUIRE DEUX ÉCHOPPES POUR LES INSENSÉS.

En 1746 une ordonnance du Roi dirigea sur Saint-Méen « les soldats malades des régiments que Sa Majesté a envoyé » pour défendre la province contre les Anglais descendus à Lorient. »

A partir de ce moment, la santé de Mathurin Martel déclina visiblement. Il fut obligé de se reposer des soins de l'administration sur son chapelain et sur Mlle Girard, supérieure des sœurs de Saint-Thomas-de-Villeneuve, dont nous avons relaté l'intallation en 1735. Cette religieuse avait dignement remplacé à Saint-Méen notre chère petite servante, sœur Marie-Corintine, dans tous les bons offices qu'elle avait remplis pendant sa vie. Comme elle, rien ne lui répugnait. Les services les plus humbles comme les plus pénibles étaient toujours rendus avec le même empressement et la même bonté que s'il se fut agi de la chose la plus attrayante, c'est que la charité, cette vertu propre au Christianisme, a seule le don précieux de transformer notre délicatesse naturelle, et de triompher des antipathies les mieux caractérisées.

Il était beau de voir Mlle Girard aux pieds des infirmes, leur prodiguer ses soins avec la tendresse d'une véritable mère; et le lendemain se transformer en une humble fille des champs pour « *faire les éligaments des terres au profit des pauvres* » comme nous aimons à le relire dans chaque page de nos archives. Ces exemples avaient de nombreux imitateurs, et rien ne peint mieux le caractère hospitalier de notre contrée, que cette multitude de noms, appartenant à toutes les classes de la société et attestant l'empressement que chacun mettait à offrir sa part contributive au soulagement des malheureux. Peut-on n'être pas touché en rencontrant ces lignes qui se répètent à chaque page et se suivent :

Reçu d'un Monsieur inconnu.. 100 l.

— d'une Demoiselle inconnue.. 50 l.

— d'un Monsieur inconnu... 40 l.

Trouvé dans le tronc des insensés.. 100 l. 8 s.

Chacun voulait participer au bien, pour avoir sa part dans les prières des pauvres. Une dame se chargeait des frais d'entretien de l'un des chapelains. Une autre s'associait une ou deux amies pour fournir au vestiaire des sœurs. Le vin, pendant plus de *quinze ans*, fut presque entièrement donné par le directeur M. Martel, qui le faisait venir des crus mêmes. Jamais la valeur de ces choses ne figurait en charge ni en décharge, autrement qu'en ces termes : M. Belletier, directeur de l'hôpital général, a fait don d'une pipe de vin; Mme de Marbœuf, a envoyé quatre mines de froment.

M. Martel avait, comme ses prédécesseurs, sacrifié sa fortune et sa vie aux pauvres, et quoiqu'il n'ait dirigé Saint-Méen-de-Joué nominativement, que l'espace de 12 ans, il ne faut pas oublier que l'abbé Le Lièvre se l'était adjoint depuis longtemps pour lui faire partager les soins de l'administration de l'hôpital. M. Martel, Mathurin, à l'exemple de ses prédécesseurs, s'était donné, dans les derniers temps, un coadjuteur dans l'abbé Berlaud. L'âge et les fatigues d'une vie si bien remplie, le prévenaient de sa fin prochaine. Il se prépara donc à quitter avec ce monde, cette famille adoptive qui lui était si chère. Afin que rien ne manquât à sa couronne, Dieu l'éprouva par une longue maladie qu'il supportat avec la plus parfaite résignation. Jusqu'à son dernier moment, il eût toujours une pensée pour l'hôpital, et à sa mort, qui arriva le 3 février 1748, on fut frappé de l'ordre qui régnait partout.

Nous devons ces renseignements à l'état de situation qui fut établi par M. l'abbé Belletier de la Paniais, directeur gardien de l'hôpital général, en vertu d'un mandat spécial que lui avait donné le bureau.

CHAPITRE XI.

M. ÉTIENNE BERLAUD, DIRECTEUR, SUCCÈDE A M. MARTEL. — IL SE DÉMET DE SES FONCTIONS EN FAVEUR DE M. L'ABBÉ
CLEMENCEAU, ET RESTE SIMPLE CHAPELAIN DE L'HÔPITAL.

Le lecteur ne sera pas surpris d'apprendre qu'en mourant M. Martel avait légué à l'hôpital Saint-Méen-de-Joué le peu qu'il possédait, mais ce qui l'étonnera peut-être davantage, c'est l'esprit de pauvreté et le dénûment volontaire de ce saint prêtre.

Si le luxe et les commodités de la vie habitaient quelque part, ce n'était pas chez le directeur de Saint-Méen. Nous trouvons, en effet, au chapitre des charges de l'année 1748 que le produit de la vente de tous ses effets et de sa bibliothèque ne s'était élevé qu'à la modeste somme de 210 l. 18 s., et sa montre de *cuivre* ne fut vendue que 4 l.

Dieu seul, cependant, connaît toute l'étendue des libéralités qu'il répandit autour de lui. Ses largesses en faveur de l'hôpital furent considérables; mais celui-ci ne fut pas seul à les recevoir. Il faudrait interroger, pour connaître la vérité, toutes les misères des environs. Jamais une infortune ne vint inutilement frapper à sa porte. Combien de veuves ne vivaient que par lui, que d'enfants reçurent de sa main le pain de l'âme et du corps et une honnête profession. Combien de vieillards infirmes, de malheureux convalescents, lui devaient le bois qui réchauffait leurs membres engourdis pendant les rigueurs de l'hiver, l'abri dont ils jouissaient, et les moyens de prolonger ou de rétablir une existence qui eût été impossible? Tant de vertus rendirent nécessairement sa succession difficile, et celui qui était appelé à la recueillir pouvait, à juste titre, s'en effrayer. C'est ce qui arriva à son successeur M. Etienne Berlaud.

Ce saint prêtre, en se consacrant à Dieu et au service des pauvres, n'aspirait qu'à vivre inconnu et ignoré. Il ne fallut rien moins que l'autorité de son prédécesseur jointe au respect qu'il lui portait pour le déterminer à accepter une charge aussi peu en harmonie avec ses goûts.

Loin d'ambitionner le commandement il avait, au contraire, une répugnance invincible pour les dignités et ce fut de sa part un acte de résignation, dont le monde, anti-chrétien, est incapable d'apprécier le mérite, que d'accepter la direction de Saint-Méen. Il le fit d'abord par condescendance aux vœux de l'abbé Martel, mais il ne put longtemps continuer à supporter le martyre que lui imposaient ses nouvelles fonctions. Comme simple chapelain, il consumait son temps entre les soins aux malades et la prière. Comme directeur il était obligé d'abandonner sa retraite, recevoir les grands et les puissants que des motifs divers pouvaient amener; aussi résolut-il de se démettre des charges qu'il n'avait acceptées qu'à regret aussitôt que l'occasion s'en présenterait. Celle-ci ne serait pas venue de longtemps, selon toute apparence; mais il la fit naître. Avec lui vivait, comme chapelain, l'abbé Clemenceau, prêtre aussi dévoué que capable : M. Berlaud le sollicita d'accepter la direction de Saint-Méen, mais un refus respectueux fut le résultat de la première démarche. Ce premier échec ne le déconcerta point et il sut y mettre tant d'instance que l'abbé Clemenceau finit par accepter.

Heureux des succès de sa campagne, M. Berlaud, en résiliant ses fonctions comme directeur, redevint simple chapelain après avoir rendu ses comptes entre les mains de M. Belletier de la Paniais, le 9 février 1750.

Par suite de son désistement, M. Jean-Pierre Clemenceau fut installé par le bureau comme aumônier-directeur le même jour.

Saint-Méen-de-Joué prenait de jour en jour plus d'importance, aussi vit-on naître, au sein de son administration, un personnel nouveau et des charges nouvelles.

Du moment que le Roi fit soigner ses soldats malades à Saint-Méen, un commis devint nécessaire pour opérer les recettes et passer les écritures. M. Baguidel fut le premier investi des fonctions de receveur aux modestes appointements de 24 l. par an.

En 1754 le nombre des pensionnaires était de 12, et le chiffre des pensions s'élevait à 1,823 l.

La recette totale de l'année fut de 9,483 l. 18 s., le montant de la décharge de 4,765 l. 10 s. 10 d.

Pendant l'année 1756 une somme de 1,608 l. fut remise au profit de l'hôpital par deux personnes inconnues. La recette s'éleva à 22,169 l. 4 s. 5 d. et la décharge à 10,967 l. 14 s. 7 d. Une somme de 8,000 l. fut encore versée moitié par un inconnu, moitié par M. François-Paul du Rocher en 1760.

En 1764 le nombre des pensionnaires était de quarante-deux, sans compter les soldats malades au compte personnel du Roi. Parmi les personnes ainsi envoyées à Saint-Méen-de-Joué, on retrouve un très-grand nombre de noms illustres, tel est celui établi qui se trouve art. 35 des pensions établies à la charge de cette même année 1764, ainsi conçu : « Pour première année du duc Richard finie le 1er avril 1762, cy.. 200 l. »

On trouve même des familles entières appartenant à l'aristocratie qui furent plus ou moins longtemps internées.

Aussi l'espace manquait-il de plus en plus : toutes les ressources de l'administration furent par cela nécessairement consacrées à l'établissement de nouvelles constructions que les comptes en décharge reportent à la même date. 18,007 livres furent ainsi employés de 1764 à 1766. L'hôpital Saint-Méen-de-Joué, fondé uniquement pour les pauvres servit de refuge à plus d'un personnage qui était heureux de se faire oublier dans ce paisible séjour de la charité ; mais aussi beaucoup y furent envoyés par l'autorité supérieure et même par l'ordre direct du Roi, comme nous aurons à le démontrer bientôt.

Sans sortir de 1764, outre le duc Richard, les noms de la Royerie, art. 2 ; du Moulinet ; de Launay, 17 et 18 ; de la Salette, 20 ; de la Pommeraye ; Corbière, 25 et 26 ; de Lourmel ; de la Chapelle ; de l'Epinay ; Le Corgeu de Louleville ; du Tertre, etc., se trouvent inscrits avec ceux de religieux et de prêtres que les évènements politiques, y retenaient enfermés ou cachés.

Du reste, il serait fort difficile sinon même tout-à-fait impossible, de connaître le véritable motif du séjour d'un grand nombre de personnes qui furent à Saint-Méen parce que les renseignements nous manquent complétement.

Quelques lettres retrouvées par nous prouvent l'intervention de l'autorité, mais leur laconisme ne laisse rien transpirer sur les motifs qui la portaient à agir.

Il en est qui ressemblent à de véritables lettres de cachet comme celle dont nous donnerons un peu plus loin le fac simile conservé dans nos archives. D'ailleurs, un certain nombre de pensionnaires ne sont désignés que par leur nom de baptême, sans autres renseignements. Leur nombre était déjà de quatre vingt dix-sept en 1769, il s'éleva à cent vingt-et-un, l'année suivante.

La conduite de M. l'abbé Clemenceau dans ces temps difficiles fut admirable. Dévoué à Dieu, il remplit ses fonctions sacerdotales de manière à se faire généralement regretter. Toutes les personnes qui l'avaient connu s'empressèrent lorsqu'il quitta la direction de l'hôpital, de lui offrir des témoignages non équivoques de leur vénération. Dévoué au Roi ; les services qu'il rendit comme directeur de Saint-Méen, décidèrent Sa Majesté à récompenser son zèle et son attachement à sa personne auguste, en l'appelant au gouvernement de l'abbaye de Saint-Marin.

La Commission des hospices de Rennes, qui plus que tout autre, avait eu l'occasion d'apprécier le mérite de ce vertueux prêtre, vota à l'unanimité, ainsi que le constate la décharge de l'année, tous les frais que devait occasionner l'obtention des bulles de l'abbaye, en reconnaissance de ses bons services.

Cette délibération, datée du 14 décembre 1769, est signée de Messieurs le premier président La Brisse d'Amily; Brilheu ; Hay de Bouteville; Mongodin, recteur de Saint-Aubin ; Le Marchand ; du Parc-Poulain ; Homet de Kerivalan ; Arot ; Quérard ; Marc de la Chesnardière ; Danet.

Dans cette même séance, après la reddition des comptes de M. Clemenceau, M. Gilles-Michel-François Barbier fut installé comme directeur de Saint-Méen par le bureau.

Le successeur de M. Clemenceau sentit bientôt le poids de la responsabilité qui incombait à ses fonctions. Une prudence ordinaire était insuffisante, alors que tout précipitait la marche des événements. D'une part, la guerre avec l'Angleterre amenait un concours continuel de soldats à S.-Méen-de-Joué. Parmi eux beaucoup figuraient comme volontaires, car en Bretagne l'amour de la patrie fut toujours une des plus belles vertus des enfants de cette antique contrée. La noble devise *Potius mori quam fœdari* ne cessera point d'être la devise du Breton. Quand l'ennemi se présente, le pays tout entier se lève comme un seul homme. Et s'il était besoin d'en appeler aux morts pour la défendre, il suffirait aux femmes et aux enfants de confier aux échos de l'Armorique le nom anglais pour cri d'alarme.

Saint-Méen devint tout à la fois un hôpital, une caserne de passage et une prison. On y dirigea les soldats blessés sur le champ de bataille, et presque chaque jour un certain nombre venait pendant une nuit réparer leurs forces pour le lendemain. Tous, sans exception, de quelque endroit qu'ils fussent, quelque court que dût être leur séjour, étaient inscrits, et c'est à cette circonstance que nous devons de connaître les noms des soldats bretons qui y furent reçus comme passagers. Parmi eux sont les suivants :

Olivier d'Auvergne, de Saint-Uziol; Pierre de La Marre, de Bernus; Jean du Rocher, de Guichen; Jean Le Coniac, de Quintin; Guillaume de Saint-Ephane, de Carhaix; Michel Méen, de Marcillé-Robert, Francheterre, de Vannes; Jean Le

Mool, de Guemené; Julien Roupie, de Combourg; Julien Le Menant, de Dol; du Breil, de Dol; Jean-Gilot du Rocher, de Bazouges-du-Désert; Anselme Rouxeul de la compagnie de Kerholand; Etienne La Feuillade de Saint-Aubin; François Lodève, de Piré; Michel Galleran, de Rennes, etc.

La Bretagne, il est vrai, ne resta pas seule dans cette lutte contre l'invasion anglaise, et des noms illustres de toutes les contrées de la France vinrent généreusement se mêler parmi ses enfants. Nous lui devons cet acte de justice, si l'administration de Saint-Méen-de-Joué n'avait eu qu'à s'occuper des soldats malades et de passage, les difficultés n'auraient pas été sérieuses. La charité qui y régnait était trop vive et trop puissante pour se trouver embarrassée en pareil cas; mais, nous l'avons déjà dit, les passions politiques qui devaient renverser l'ancienne société s'agitaient de toutes parts, et l'on ne doit pas oublier que ce fut de Rennes que partit la première torche enflammée.

Il y avait donc, pour ce fait, une grande responsabilité qui était venue s'ajouter à la direction depuis que Saint-Méen-de-Joué était devenu une sorte de prison politique.

La dernière année de la gestion de l'abbé Clemenceau nous avait fait connaître la progression étonnante des pensionnaires qui étaient venus se placer sous la direction de l'abbé Barbier; le nombre en devint si élevé, qu'il ne fut plus possible d'en maintenir le détail dans le compte-rendu de 1771 à 1772. Les deux lignes suivantes que nous transcrivons n'ont besoin d'aucun commentaire :

» Se charge le comptable de la somme de cinquante-deux milles neuf cent trente-six liures, un sol, onze deniers, pour » les pensions des différentes personnes *detenuës* dans la maison ! »

Ce qu'il importe surtout de connaître c'est que ces détenus sont des femmes, des enfants, des familles entières, des nobles, des prêtres, des religieux.

Le lecteur ne devra donc pas être surpris de retrouver dans nos archives les noms des principales familles de Bretagne. A cette époque, nous rencontrons les suivants : « Bernard de Châteaubriand; de Verdun; Huchet; du Bignon; de la Salette; Bacher de Kerhamou; de la Chapelle Morlaix; Ferrière de Kermotter; F. Le Menant de Dol; Morel de l'Epinais; de la Motte; de Carheil; de Coödic; de Kerrio; de la Hardouinais; Le Quen; Le Chevallier Brigottière; Le Marié; Dodard des Loges; de Croyat; de Bellonan; de Clerbois; de la Bigottière; Chailloux; Pauthonier, prêtre; Hardouinais, prêtre; Marchand, prêtre; Grand-Guillot; de Kergus; de la Buharaye, etc. »

Le titre de gardien convenait alors au directeur de la maison, aussi lui fut-il donné. L'abbé Barbier, justement effrayé d'une invasion si extraordinaire dans un asile destiné aux pauvres, ne voulut à aucun prix continuer plus longtemps ses fonctions. Il s'empressa de rendre ses comptes dès la même année, et fut remplacé, le 21 juin 1772, par Missire François-Allain Causiez, prêtre, qui fut installé le même jour comme directeur de Saint-Méen-de-Joué.

M. Causiez conserva pendant huit ans la direction. Sous son administration, Saint-Méen-de-Joué augmenta ses constructions pour une somme de 59,115 l. 11 s. 9 d., que l'on retrouve inscrite et approuvée plus tard par la décharge de 1785.

La transformation de l'hôpital en maison de détention fit de tels progrès que le compte de 1778 accuse une recette de 72,279 l. 6 s. 6 d. pour cet article seulement, ainsi que le constate le passage suivant, que nous croyons devoir transcrire textuellement :

« *Recette des pensions des différentes personnes* DÉTENUES *dans l'hôpital.*

« Se charge le comptable de soixante-douze mille deux cent soixante dix neufs liures six sols six deniers pour » les pensions des différentes personnes *detenües* dans l'hôpital, Reçües depuis le premier feurier 1777 jusqu'au 8 may 1779, » et pour avances remboursées. »

On peut dire que tout Saint-Méen-de-Joué fut transformé en cachots, depuis les caves jusqu'aux greniers. On trouve encore aujourd'hui dans les caves les traces de ces malheureux temps. Ce n'étaient que portes de fer, ce n'étaient que mesures de précaution contre toutes les victimes des passions politiques.

L'abbé Causiez avait une grande et belle mission à remplir. Qui dira les larmes qu'il essuya, le baume qu'il répandit sur tant de plaies saignantes, les encouragements et les espérances qu'il prodigua aux malheureux tentés de se laisser aller au désespoir?

Qui dira les peines qu'il fit cesser, celles dont il abrégea la durée ou qu'il tempéra dans leur amertume, selon ses ressources et dans la plénitude de son dévoûment?

Oui, l'abbé Causiez avait compris que si la tâche avait un côté ingrat, elle offrait au cœur du prêtre de précieux éléments pour exercer la charité; aussi, loin de le blâmer d'avoir accepté ses fonctions, nous lui rendrons, au contraire, le tribut mérité de l'honneur et de la reconnaissance qui lui sont dûs à tant de titres légitimes et sérieux.

Digne successeur de l'abbé Clemenceau, qui voulut bien lui prêter ses conseils dans le principe, il sut les mettre à profit par sa prudence, sa sagesse et sa modération, dans un temps où le plus léger manque de circonspection suffisait pour tout perdre.

C'est à ce concours de vertus si éminemment pratiquées que l'on doit attribuer le peu de retentissement et de bruit qui se fit autour de Saint-Méen-de-Joué.

C'est au silence, dont il sut ménager les secrètes ressources, que l'on doit l'oubli des gémissements que poussaient les victimes, et de la reconnaissance dont elles étaient forcées de mesurer les témoignages envers celui qui leur prodiguait ses bienfaits avec un si noble désintéressement.

En livrant ces détails au grand jour, nous avons, à notre tour, la conscience d'accomplir une œuvre de justice, de payer une dette dont le terme est depuis longtemps échu; en un mot, nous remplissons un devoir.

M. l'abbé Champion succéda à M. Causiez vers 1780.

Ce dernier se distingue surtout dans l'administration par certaines qualités d'ordre et de méthode dont tous les registres portent l'empreinte.

Tout y est établi avec une régularité, une clarté que l'on admire.

Ce fut sous sa direction que l'obligation d'avoir un registre spécial pour les aliénés fut imposée. Leur nombre réel était peu considérable, mais ce fut un moyen qui, selon toute apparence, dût être souvent employé pour arracher des victimes à la persécution.

Le premier registre spécial, conservé à Saint-Méen, date de 1783.

Nous devons encore à l'ordre avec lequel M. l'abbé Champion accomplissait toute chose la conservation de trois placements d'office, en forme de lettres de cachet, portant la signature du roi Louis XVI, et dont nous offrons le fac simile.

M. Champion conserva sa place jusqu'au 15 octobre 1791, époque à laquelle il donna sa démission. Nous laissreons au bureau le soin d'éclairer le lecteur sur le mérite personnel de cet administrateur qui fut le dernier directeur prêtre de Saint-Méen-de-Joué.

Pour mettre le lecteur à lieu de juger lui-même, nous transcrivons ci-après le procès-verbal de la séance du 17 octobre 1791.

Bureau des hôpitaux tenu ledit jour, à l'hôpital Saint-Méen, où présidait M. Talhouet, maire, et où étaient présents : MM. Duclos, Lemoine, Monnier, Thomas, Anger, Gilbert, Obelin, O'Sullivan, Rogé, Gernié, Simonnet, Veillon, Barbarin, Legraverend, Substitut du Procureur de la commune, Lemarchand, secrétaire-greffier.

Lecture donnée d'une lettre de M. Champion, prêtre, gardien de l'hôpital Saint-Méen, par laquelle il prie le bureau d'accepter sa démission, sur quoi délibérant.

Le bureau, après avoir entendu M. le Substitut du Procureur de la commune en ses conclusions, a accepté la démission de M. Champion, lui vote des remercîments de sa bonne administration, et arrête qu'il lui sera écrit la lettre dont la teneur suit :

    « Monsieur,

» Nous vous faisons passer un arrêté général du compte de votre gestion, en qualité de gardien de l'hôpital Saint-Méen » de cette ville.

» L'examen de cette gestion, en vous assurant des droits à notre reconnaissance, nous a fait sentir et regretter de plus « en plus la perte que nous faisons. Comme administrateurs, cette perte nous est sensible; comme citoyens, nous savons la » supporter et nous y résigner, parce que nous sommes persuadés que vous opérerez le bien quelque part que vous soyez. » Vos qualités personnelles vous attireront bientôt l'universalité de vos paroissiens; vos exemples et vos discours vous les » attacheront ensuite, et la Constitution vous devra les amis que vous allez lui faire; alors l'avantage que va retirer la chose » publique nous dédommagera de la perte qu'éprouve un établissement particulier. »

Le bureau considérant que cette maison est tout à la fois hôpital et maison de *correction*, que son économat convient plus par son rapport avec les différentes personnes qui l'habitent à un laïque qu'à un prêtre, et connaissant les bonnes mœurs et la probité de Mathurin-Pierre-Joseph Duchesne, l'a nommé pour économe et receveur de ladite maison, et lui a accordé pour traitement la somme de 300 l., et la faculté de demeurer avec son épouse, qui aura la pension gratuite dans le logement qu'occupait ci-devant M. Champion, où se trouvent les archives et le cabinet de travail, et a nommé pour aumônier de ladite maison, M. Buchet, prêtre, qui occupera l'appartement de son prédécesseur, agrandi d'une pièce où il puisse déposer des meubles et coucher un domestique en cas de maladie, parce que mondit sieur Buchet acquittera 286 messes fondées, et recevra pour son traitement, outre la pension, la somme de 250 l. par an. Autorise M. l'économe à faire

8

acquitter les 286 messes restantes, qui étaient à la charge du gardien, aux frais de l'hôpital, par M. Buchet de préférence autant que faire se pourra, se réservant le bureau d'en demander la réduction à Mgr l'Evêque.

Signé : TALHOUET, LE MARCHAND, *secrétaire.*

Enregistré à Rennes, le 7 avril 1792, reçu 2 l. pour deux droits.

Signé : HERBERT.

Pour acceptation,   Pour acceptation,

Signé : DUCHESNE.   *Signé :* BUCHET.

Nous terminerons cette première partie de l'histoire de Saint-Méen, par la nomenclature de ses titres de propriété, des fondations et des noms des bienfaiteurs.

TABLEAU

PREMIÈRE LIASSE.

Un corps de logis et ses dépendances, la pièce de la Vigne, le courtil du Puit, la pièce du Mitan ou de dessous la Vigne, un jardin nommé l'Ozerais, la pièce de dessous Joué, le pré de Joué, le Bertray, une quantité dans le pré du Gué de Baux, une autre partie du pré du Gué de Baux.

Contrat du 4 septembre 1627.
Acte du 31 décembre 1653.
Acte dudit jour 31 décembre 1653.
Requête du 1ᵉʳ janvier 1654.
Acte du 5 septembre 1654.
Acte du 26 octobre 1654.
Acte du 20 février 1655.
Acte du 16 juillet 1655.
Acte du 9 mars 1660.
Acte dudit jour 9 mars 1660.
Acte du 15 juillet 1660.
Acte du 13 juillet 1665.

Contrat du 5 mars 1669.
Acte du 30 juin 1671.
Lettres patentes du 12 septembre 1679.
Acte du 19 février 1693.
Sentence du Présidial de Rennes du 7 décembre 1702.
Arrêt du Parlement du 14 juillet 1707.
Transaction du 24 octobre 1708.
Sentences homologatives du 22 décembre 1708.
Acte d'indemnité du 18 novembre 1712.
Requête à l'Intendant 1ᵉʳ septembre 1743.
Ferme du 25 octobre 1708.

DEUXIÈME LIASSE.

Un autre pré de Joué, situé au terrain de Joué.

Contrat du 20 avril 1662.

Contrat du 23 mars 1711.

TROISIÈME LIASSE.

Une autre pièce sous Joué ou Grande Pièce, et le champ au Maillard.

Contrat du 28 juin 1643.
Contrat du 7 février 1652.
Contrat du 12 juin 1668.
Acte du 28 mai 1670.
Acte du 1ᵉʳ août 1672.
Acte du 8 août 1724.
Aveu du 8 juillet 1677.

Aveu du 2 septembre 1695.
Aveu du 23 février 1713.
Aveu du 29 juillet 1724.
Bail du 14 avril 1736.
Bail du 6 mars 1745.
Bail du 12 avril 1749.

QUATRIÈME LIASSE.

Une maison et dépendances avec la moitié du grand jardin au bout, la petite pièce sous Joué, la moitié de la grande pièce sous Joué, la maison de la Cordonnerie.

Contrat judiciel du 16 octobre 1670.
Contrat du 26 juin 1686.

Arrêt du Conseil du 11 avril 1711.
Acte des cinq fondations du 15 octobre 1711.

CINQUIÈME LIASSE.

Trois maisons et dépendances faisant face à l'hôpital de Joué, et la maison appelée Bouge avec le jardin faisant également face à l'hôpital de Joué.

Partage du 4 mai 1666.

Contrat du 24 mars 1670.

Contrat du 5 novembre 1676.

Contrat du 26 février 1677.

Contrat du 19 mai 1677.

Contrat du 19 septembre 1677.

Contrat du 6 décembre 1677.

Contrat du 15 novembre 1677.

Contrat du 3 juillet 1680.

Qui de franchissement de la rente de trois livres du 6 septembre 1685.

Aveu du 25 mai 1668.

Aveu du 15 avril 1678.

Aveu du 10 mars 1680.

Aveu du 5 mars 1716.

Aveu du 20 février 1736.

Ferme du 29 mars 1681.

Ferme du 23 décembre 1727.

Ferme du 1er avril 1730.

Ferme du 14 octobre 1742.

Ferme du 25 avril 1782.

SIXIÈME LIASSE.

La petite métairie de Joué, sise au-dessus de l'hôpital de Joué, vers nord en allant à Cesson.

Contrat d'acquêt du 25 septembre 1708.

Contrat — du 4 mai 1707.

Contrat — du 1er août 1690.

Contrat — du 25 septembre 1655.

Contrat — du 11 septembre 1690.

Contrat — du 12 avril 1671.

Contrat d'acquêt du 29 juin 1674.

Contrat — du 21 avril 1691.

Contrat — du 17 juin 1674.

Contrat — du 4 août 1691.

Contrat — du 4 octobre 1691.

SEPTIÈME LIASSE.

La métairie de la Salmonière, paroisse de Cesson.

Extrait du testament de messire Jean Houvel du 5 mai 1580.

Prise de possession des Chartreux d'Auray du 3 août 1580.

Contrat d'acquêt fait par les Chartreux d'une quantité de terre au milieu de la pièce des Vignes du 13 janvier 1647.

Acte d'amortissement de la métairie de la Salmonière du 4 mars 1671.

Contrat d'acquêt du lieu de la Salmonière du 27 novembre 1671.

Contrat d'échange de la pièce de l'Ecotay avec la quantité de terre appelée la Petite Tasse du 23 mars 1676.

Contrat du 12 décembre 1682.

Contrat du 19 décembre 1682.

Contrat du 18 septembre 1683.

Contrat du 11 octobre 1685.

Contrat du 27 octobre 1686.

Contrat du 7 juin 1687.

Contrat du 31 décembre 1689.

Contrat 27 avril 1692.

Aveu du 28 juin 1612.

Aveu du 5 août 1615.

Aveu du 13 février 1674.

Aveu du 27 avril 1678.

Aveu du 29 juillet 1678.

Aveu du 31 décembre 1692.

Bail à ferme du 5 avril 1666.

Bail du 15 juin 1672.

Bail du 24 août 1679.

Bail du 11 novembre 1700.

Bail du 26 août 1724.

Bail du 2 mai 1735.

Bail du 15 mars 1738.

Bail du 1er avril 1745.

Bail du 27 novembre 1749.

Bail du 14 avril 1759.

Bail du 17 novembre 1767.

HUITIÈME LIASSE.

Le lieu de Malitourne ou du tertre de Joué et la pièce sous Joué.

Lettres patentes du 6 novembre 1780.

Arrêt d'enregistrement du 4 mai 1781.

Délibération du bureau d'administration portant que le nouveau chemin à l'occident du mur de la nouvelle clôture du lieu de Malitourne sera à perpétuité entretenu par l'hôpital du 21 juin 1781.

Arrêt d'homologation de ladite délibération du 30 juin 1781.

Contrat d'acquêt du lieu de Malitourne du 6 juillet 1781.

Bannies afin d'appropriment dudit lieu du 20 janvier 1782.

Sentences d'appropriment du 16 février 1782.

Autre sentence d'appropriment du 12 mars 1782.

Traité passé entre Mᵐᵉ l'abbesse de Saint-Georges et Messieurs les Administrateurs des hôpitaux du 4 juin 1782.

Lettre de Mgr l'archevêque d'Aix du 23 janvier 1783.

Contrat judiciel du 9 octobre 1641.

Procès-verbaux de distribution de deniers du 31 octobre 1641.

Contrat d'échange du 27 juillet 1643.

Contrat d'acquêt par demoiselle Lailbert du 12 décembre 1686.

Sentence confirmative de la propriété de la pièce sous Joué référée au contrat du 6 juillet 1781, du 23 novembre 1693.

Aveu à la seigneurie de Cucé du 1ᵉʳ décembre 1742.

Aveu à la seigneurie de Saint-Georges du 23 mai 1744.

Aveu à la seigneurie de Cucé du 7 février 1654.

Aveu à la seigneurie de Saint-Georges du 6 novembre 1674.

Aveu à la seigneurie de Cucé du 17 septembre 1689.

Aveu à la même seigneurie du 14 mars 1702.

Bail du 18 septembre 1680.

Bail du 6 juillet 1692.

Bail du 18 mars 1704.

Bail du 14 novembre 1728.

Bail du 9 juillet 1730.

Bail du 14 août 1757.

Bail du 17 mars 1763.

NEUVIEME LIASSE.

La métairie de la Ballerie en Noyal.

Contrat d'acquêt du 3 octobre 1718.

Acte d'amortissement du 24 août 1719.

Contrat du 24 septembre 1679.

Contrat du 31 mars 1682.

Aveu du 12 février 1667.

Aveu du 22 décembre 1686.

Sentence d'impuissement du 27 mars 1705.

Bail du 20 octobre 1714.

Bail du 8 mars 1736.

DIXIÈME LIASSE.

La métairie du Portail de la Rougerais, paroisse d'Acigné.

Contrat du 3 avril 1728.

Bail du 30 octobre 1732.

Bail du 24 mars 1742.

Bail du 27 décembre 1752.

Bail du 12 mai 1759.

Bail du 2 septembre 1769.

Bail du 13 janvier 1777.

ONZIÈME LIASSE.

La pièce de terre nommée Salverte, près le pont de Salverte, paroisse de Saint-Hellier.

Contrat du 7 février 1809.

Contrat du 2 août 1720.

DOUZIÈME LIASSE.

Une Maison, rue de l'Isle, à Rennes.

Contrat du 14 juillet 1709.

Prise de possession du 4 mars 1720.

Traité du 1ᵉʳ août 1721.

Testament de Marie-Corentine du 10 novembre 1730.

Bail du 24 février 1737.

Bail du 24 mars 1744.

Bail du 16 janvier 1753.

Bail du 23 mai 1762.

Quittance des Domaines du 14 janvier 1775.

TREIZIEME LIASSE.

Une boutique échoppée sur le devant de la maison de la rue de l'Isle.

Contrat du 23 mars 1669.

Déclaration du 22 septembre 1676.

Contrat du 20 juin 1678.

Contrat du 27 avril 1693.

Bail du 28 juin 1706.

Bail du 31 janvier 1730.

Bail du 18 février 1737.

CONTRATS DE CONSTITUTIONS DE RENTES AU PPOFIT DE LH'OPITAL DE JOUÉ.

QUATORZIÈME LIASSE.

17 mars 1668.	Constitut au principal de 1200 l. sur les sieur et dame d'Andigné, produisant 75 l. de rentes.	75 l.
22 janvier 1669.	Contrat d'une rente foncière de 50 l. sur une portion de maison, rue aux Foulons, fait par dame Bernard du Loizil	50 l.
12 décembre 1698.	Constitut, au capital de 10,000 l., sur les Etats de Bretagne, transporté à l'hôpital par M. le Président de Bréquigny par acte du 25 mars 1700, dans le capital duquel l'hôpital n'est fondé, suivant le transport que pour 800 l. ne produisant au denier deux que 16 l. de rente.	16 l.
25 mars 1700.	Transport du constitut ci-dessus fait par M. le président de Bréquigny.	
4 octobre 1709.	Contrat de constitut par les Etats de Bretagne au principal de 4,000 l. produisant au denier deux 80 l. de rente.	80 l.
19 décembre 1713.	Constitut sur les Etats de Bretagne, au principal de 3,000 l. produisant au denier deux 60 l. de rentes.	70 l.
8 décembre 1727.	Contrat d'acquêt de cinq contrats de constitution sur les Etats de Bretagne au principal de 14,000 l. produisant au denier cinquante 280 l. de rente	280 l.
12 octobre 1740.	Contrat de constitution au principal de 6,000 l. sur l'abbaye de Saint-Sulpice, produisant 300 l. de rente	300 l.
17 octobre 1771.	Acte de reconnaissance du contrat ci-devant, par les dames de Saint-Sulpice.	
5 décembre 1745.	Contrat de rente foncière de 30 l. sur le général de Maxan	30 .
11 décembre 1775.	Contrat de constitution sur le clergé au principal de 12,500 l., produisant au denier cinquante la rente de 500 l.	500 l.
11 décembre 1775.	Contrat de constitution sur le clergé au principal de 3,000 l., produisant au denier cinquante 120 l. de rente.	120 l.
9 juin 1674. 11 novembre 1705.	Constitut par Jean Mongermont et Julienne Mellet sa femme, produisant 50 l. de rente et réduit à 42 l. par acte du 11 novembre 1705	42 l.

ÉTAT DES FONDATIONS FAITES A L'HOPITAL DE JOUÉ.

QUINZIEME LIASSE.

Fondation de la demoiselle Nicolas, veuve Chotard, consistant en une rente annuelle de 35 livres, réduite un peu plus tard à 20 livres.

Acte du 9 février 1665.
Acte du 27 octobre 1679.

Acte du 6 mai 1680.

SEIZIÈME LIASSE.

Fondation de dame Claude de Loscoat, dame de   , consistant en une somme de 320 livres et le lieu de Bourgnouveau, paroisse de Betton.

Contrat du 31 mai 1665.
Contrat du 9 mai 1674.
Contrat du 12 janvier 1683.

Contrat du 4 mai 1694.
Contrat du 13 janvier 1693.
Contrat du 11 décembre 1705.

DIX-SEPTIÈME LIASSE.

Fondation de messire Pierre Bordière, consistant en une somme de 50 livres.

Contrat du 27 avril 1665.
Contrat du 4 mai 1668.

Contrat du 30 février 1681.

DIX-HUITIÈME LIASSE.

Fondation de messire Morel de la Bouchetière, chanoine de la cathédrale de Quimper-Corentin, consistant en une messe basse à perpétuité tous les mardis de chaque semaine.

Contrat du 24 octobre 1668.
Contrat du 22 mars 1669.

Contrat du 21 mars 1670.

DIX-NEUVIÈME LIASSE.

Fondation par la dame Bernard du Loyzil, consistant en une rente annuelle de 50 livres.

Contrat du 8 janvier 1669.
Contrat du 22 janvier 1669.
Acte du 26 avril 1670.

Acte du 5 septembre 1673.
Acte du 25 novembre 1680.

VINGTIÈME LIASSE.

Fondation par le sieur Allain Lewy sieur de la Pucherie, consistant en une somme de 400 livres.

Contrat du 26 janvier 1669.

VINGT-UNIÈME.

Fondation par demoiselle Marie Nicollas de la Tréguinais, consistant en une rente annuelle de 40 livres.

Contrat du 17 novembre 1669.

Contrat du 3 mai 1654.

VINGT-DEUXIÈME LIASSE.

Fondation par dame Marie Loz Duverger Brossay, consistant en une somme de 500 livres.

Contrat du 23 avril 1670.

VINGT-TROISIÈME LIASSE.

Fondation par Jacquemine de Letard, veuve du sieur Lemée de l'Etang, consistant en une somme de 400 livres.

Contrat du 29 avril 1670.

VINGT-QUATRIÈME LIASSE.

Fondation par demoiselle Michel Gosse, consistant en une somme de 800 livres.

Contrat du 1er août 1671. | Contrat du 3 mars 1672.

VINGT-CINQUIEME LIASSE.

Fondation par demoiselle Legoux de la Hamonnais, une somme de 400 livres.

Contrat du 28 septembre 1671.

VINGT-SIXIÈME LIASSE.

Fondation par le sieur de la Martinière, une rente de 62 livres 10 sols.

Contrat du 23 mars 1672. | Acte du 20 mai 1673.
Contrat du 26 décembre 1672.

VINGT-SEPTIÈME LIASSE.

Fondation par monsieur et dame de Cadillac, une somme de mille livres.

Contrat du 1er août 1672.

VINGT-HUITIÈME LIASSE.

Don par le sieur Leray, une rente de 20 livres.

Acte du 6 mai 1675.

VINGT-NEUVIÈME LIASSE.

Fondation par le sieur Gilles Régnier, une messe basse à perpétuité tous les dimanches.

Acte du 14 février 1676.

TRENTIÈME LIASSE.

Fondation par le sieur Firmin de Beauker de Saint-Michel, 116 livres.

Extrait du testament du sieur de Saint-Michel du | Acte du 15 novembre 1677.
15 août 1672.

TRENTE-UNIÈME LIASSE.

Fondation par messire de Gaiu, grand chantre de la cathédrale de Rennes un capital de 500 livres.

Contrat de constitution du 14 juillet 1678. | Contrat du 22 mai 1680.

TRENTE-DEUXIÈME LIASSE.

Don par le sieur de Martigné-Pépin, la maison neuve de la Boulais, paroisse de Cesson.

Contrat du 7 avril 1682. | Acte du 14 mars 1707.

TRENTE-TROISIÈME LIASSE.

Fondation par la dame Limel, veuve Sauvageau-Dubois-Durand, une somme de 60 livres.

Acte du 4 décembre 1688.

TRENTE-QUATRIÈME LIASSE.

Fondation par messire Le Meneust, seigneur de Bréquigny, et la dame de Rollé, son épouse, une somme de 800 livres.

Acte du 25 mars 1700.

TRENTE-CINQUIÈME LIASSE.

Don fait par messire Yves Duparc, seigneur de Tréanton, une somme de 336 livres.

Acte du 24 septmbre 1700.

TRENTE-SIXIÈME LIASSE.

Fondation par madame de Boishue, veuve de messire de Cornullier, une somme de 5,000 livres.

Contrat du 7 février 1727.
Acte d'autorisation du 13 mars 1727.

Procuration du 22 mars 1727.

TRENTE-SEPTIÈME LIASSE.

Testament du sieur Guillaume Regnier, fondateur de l'hôpital de Saint-Méen.

Testament du 14 septembre 1663.

Testament du sieur Gilles Regnier du 22 mars 1700.

TRENTE-HUITIÈME LIASSE.

Etablissement des décès de Saint-Thomas à l'hôpital.

Acte du 6 décembre 1735.

ÉTAT

DES BIENFAITEURS DE SAINT-MÉEN

Nota. — Nous regrettons de ne pouvoir, à cause des limites assignées à notre travail, donner une notice spéciale sur chaque bienfaiteur, et d'être obligé de produire seulement une simple liste destinée à tirer de l'oubli des personnes ayant des titres à la reconnaissance publique, et plus particulièrement des hôtes de Saint-Méen et de leurs familles.

ANNÉE 1707.

1 Mgr de Rennes.
2 M. et Mme Masson.
3 M. du Langouet.
4 MM. Baralys et Ballet.
5 M. et Mlle Bourdais.
6 M. de Francheville, avocat général.
7 M. Marais, conseiller au Parlement.
8 Mme du Tryllis.
9 M. du Bois-Hamon.
10 M. de la Gaudinays.
11 M. Busson.
12 MM. du Présidial.
13 M. Bélier, prêtre.
14 M. du Hyld-Jamois.
15 Mlle de la Robinaye.
16 Mme Bodileau.
17 Mme du Kerlo.
18 Une demoiselle de Vitré.
19 MM. les abbés Ferret.

T^{ts} et R^{tes}
20 M. le comte du Lys.
21 Mlle du Halay.
22 Guillaume Fontaine.
23 M. le Président de Bréquigny.
24 Mme de la Gatinays Cérisé.
25 M. de Lanchardière.
26 Julien Chauené.
27 M. Gabelin.

ANNÉE 1708.

2
19
28 Mme Aubert et sa mère.
6
29 M. du Clos-Bossart.
30 M. et Mme Baraly.
31 Mme Codgennual.

32 M. des Nétumières.
33 MM. de la Chancellerie.
34 M. Mac-Athys, prêtre.

T^{ts} et R^{tes}
35 M. l'abbé Monrion.
36 Mlle Haut-Bois.
37 Mlle Kergrée.
38 Mgr le Dauphin, grand pénitencier.
39 M. Belétre (Henry).

ANNÉE 1709.

40 M. l'Alloué, de Rennes.
41 M. du Guersan, conseiller au Parlement.
2
42 Mlle de la Piglaye.

T^{ts} et R^{tes}
43 M. de la Biochaie.
44 Les héritiers de Renée Gouyon.
45 M. Cerpin.
46 La veuve Auffray (son mari).
23

ANNÉE 1710.

47 MM. de la compagnie des états de Rennes.
48 Mme Ferret.
6
19
49 M. Grégoire, le jeune.
43
50 Mme de la Fontaine.
51 Marie-Corentine Coutalou.
52 Mme la Présidente de Marbeuf.
53 M. de la Gaudinays-Pinot.
54 M. de la Rivière-Chereil.
55 M. Dampierre.
56 Mme Chedubois.
57 Mme de Montaran.
58 Mme du Trylé et fils.

T.
59 Mme de la Harpe.
60 Mlle de Kergozou.

R. 61 Mlle de Sonneville.
62 Mme Loysil-Bernard.

ANNÉE 1711.

2
19
58
49
16
55
54
14
33
42

T. 63 M. Le grand-chantre de Rennes.
64 La tante de M. du Guily-Castel.

ANNÉE 1712.

65 MM. les fermiers des Etats tenus à Dinan.
2
19
49
66 MM. du Greffe du Présidial.
67 Mlle Tancré.
9
10
68 M. de Montauban Drouet.
69 M. du Timeur.
54
70 Mme du Querleau de Farsy.
14
56
71 M. Le Moine.
42

T. 72 M. de la Cloustais.
73 M. du Toillie-Gardel.
74 Mgr l'évêque de Toulon.

ANNÉE 1713.

75 M. l'intendant pour le Roy en Bretagne.
76 Mme de Miaux.
2
19
77 Mme Le Roy Le Moine.
6
78 Sieur Pointel, officier criminel.
70
16
13
51
4
79 Mme de Laage.
57

80 Mme de Kerannion.
T. 81 Anne Pyrouis de Maltouche.

ANNÉE 1714.

2
19 Les enfants de...

ANNÉE 1715.

82 Mme des Clos-Bertelin.
83 M. de Bon-Amour, président.
56
84 M. du Pourpry, conseiller au Parlement.
85 M. de La Moltais.
19
86 Mlle Péan.
87 Mme du Bois-Tilleul.
2
88 Mme Lory et sa sœur.

ANNÉE 1716.

89 MM. des Etats tenant à Saint-Brieuc.
90 M. l'abbé Ferret l'aîné.
91 Mlle du Maine.
54
T. 92 M. Jouanne.
R. 30

ANNEE 1717.

19
66
52
93 Mme Fournier.
94 Mme de Grénédan.
51
T. 30 Madame.

ANNÉE 1718.

84
19
55
95 M. La Reverdais.
96 M. de Contrescart.
16
97 Mlle la Robinais.

ANNÉE 1719.

19 Mme Saint-Luc.
84
99 Mme du Bertail.
16
53
13
33
93
100 M. de la Communais-Morfouace.
101 Mme la présidente de Rochefort.

88
102   Mme de la Roche-Quellen.
103   M. Maubusson.
82
104   M. de Pyré.
105   Mlle Voisin.

ANNÉE 1720.

106   Mme des Places-Poulart.
51
98
82
107   Mme des Métairies.
108   M. Le Loiré.
5
91
109   Renée Chastel.
110   Mlle du Rocher.
90
111   Mme Coterel.
64
94
112   Mme du Breil.
113   Mme de la Ronse.
114   Mme l'intendante.

Dons pour construction de bâtiments et chapelle.

ANNÉE 1721.

63
42
115   Mlle de Jussé.
70
116   M. Fournier l'aîné.
117   M. du Feillet.
55
118   M. Thomas, fondeur de la monnaie.
25
88   M. et Mme de
102
101   Mlle
119   Marquise Masselin.
120   Mlle Lambert.
93
91
121   Mme de la Ferronnais, religieuse.
12
14   MM. les enfants.
70
122   Mlle Costerel.
123   Mlle Dupin, brodeuse.
98
124   M. Arot, mandataire.
125   Mme de Montigny.

111
84
30
126   Mlle de Tizé.
33
127   MM. de Toussaint.
128   MM. des Etats de Bretagne (Ancenis).
54
129   M. Martel.
130   La ville de Rennes (quête).

ANNÉE 1721.

Suite des aumônes.

131   M. et Mme Aubert.
132   M. le duc d'Orléans (Régent).
133   Mlle Vaugeois.
134   MM. Gouin père et fils.
19
135   Mlle du Rochay.
136   Mlle Louzillais.
137   Mlle du Clos-Bossart.
138   M. de la Josserie du Maine.
139   M. Bodin.
140   Mme d'Andigné.

ANNÉE 1722.

82
141   M. de Bonnefons.
142   M. de Contrescart.
109
143   Mme de Blossac.
144   M. le président de Cornullier.
145   M. le président de Tremargat.
146   Mlle du Parc.
147   Mlle Feret des Quatrinettes.
90
124
T. 148   Jeanne Yvon.
149   P. Chastel.

ANNÉE 1723.

48
140
125
146
150   Mme de Quebriac.
19
144
143   M. le comte de
41
90
151   M. l'abbé d'Anjou.
152   Mme de Carné.

119
153 Julienne Grosday.
150
154 M. Robert, sacristain de Saint-Sauveur.
155 Mlle Coupé.
147
143

ANNÉE 1724.

13
144
48 Mlle
90
19
136
54
41
125
9
28
139
156 M. Deniau, conseiller au Parlement.
52
27

ANNÉE 1725.

157 M. Riban.
101
144
52
158 M. Fleuriais.
141
82
159 Mlle de la Blarre ou la Blavre.
160 M. de Saint-Etienne.
19
146
184
94
161 M. le président de Cucé.
48 Mlle
162 M. Ballan.
116
9
163 M. le doyen de Perchambault.
162
164 M. du Mont.

ANNÉE 1726.

90
48
125
107
141 Mme

164 Mme la comtesse de la Bedoyère.
163
165 Mme de Pinieu.
166 Mme la marquise de la Roche.
28
134
146
66
144
100
167 Mme de Molan.
T. 168 M. Garnier, sous-diacre.
169 Mlle Le Roy.

ANNÉE 1727.

170 M. Ancelin.
19
143 M. le Président de
171 M. Berron.
32 Mme de   religieuse de Saint-Georges.
172 M. Daniel, curé de Saint-Sauveur.
90
158
94 Mme la Présidente de
144 Mme la Présidente de
87
173 Mme la Juge douairière.
175 MM. les directeurs de Saint-Yves.
T. 141
175 Mlle Patier.
144

ANNÉE 1728.

90
125
146
86
176 Mlle Berlans.
T. 177 M. Le Bois.

ANNÉE 1729.

178 M. de Lyré.
179 Mme de Catalan.

ANNÉE 1730.

180 Mlles de Balar.
181 Mlle Armand.
166
182 M. Veron.
T. 102 Mlle de
142

ANNÉE 1731.

183 M. l'abbé Escolasse.
184 M. Le Louable.

185 M. le marquis de Montater.
186 M. la Croix-Marchand.
173
T. 187 Mme Charmois.

ANNÈE 1732.

190 M. Courtois.
191 Mme du Parc-Porée.
T. 192 M. Perrin, recteur de Toussaint.
193 M. Duval, sacristain de Saint-Aubin.
188 M. et Mme de la Racinière-Moulin.
189 Mme Duplessix-Bardou.
182
178

ANNÉE 1733.

94
182
183
178
194 M. Goury.

ANNÉE 1734.

195 Le Révérend Père des Preaulx (intermédiaire).
196 M. Gontier (*idem*).
33
T. 197 M. de Lanchardière Morin.
198 Mme la Présidente de la Dragerie.

ANNÉE 1735.

199 M. Le Bel.
194
200 Mme de la Bretaiche.
158
T. 201 M. Rouaux, prêtre.

ANNÉE 1736.

202 M. de Mareil, avocat.
203 M. du Pargo.
T. 88

ANNEE 1737.

204 M. de Bourneuf.
205 M. de Tennoaux.
T. 206 Mlle de Nouael.
199

ANNÉE 1738.

205
51
203

ANNÉE 1739.

207 Mlle de la Chaise.
R. 208 Mme de la Mancclière.

ANNÉE 1740.

199

ANNÉE 1741.

T. 209 M. des Ourmeaux-le-Gault.
R. 210 Mlle des Jannais-Thomas.
211 Dames de Saint-Sulpice.

ANNÉE 1742.

212 M. et Mme la marquise de l'Epinay.
T. 213 Mme Vedier.

ANNÉE 1743.

ANNÉE 1744.

212 Mme la comtesse de.

ANNÉE 1745

214 M. Kempuir.
215 M. le Président de Châteaugiron.
212
216 M. de la Boujardière.
T. 217 M. Buchet (prêtre de Saint-Germain.
218 M. Le Lièvre (ex-directeur).

ANNÉE 1746.

219 André Couasme.
215
220 M. de Montreuil.

ANNÉE 1747.

ANNÉE 1748.

T. 100
221 M. Kersavet-Bernard.

ANNÉE 1749.

54
164

ANNÉE 1750.

54

ANNÉE 1751.

222 Mme de la Grignonnaye.
223 Jeanne Monnier.
224 Mme de Beaubriand.

ANNÉE 1752.

225 M. Doville.
226 M. Bureau (intermédiaire).
212
227 Monseigneur de Rennes.
228 Mlle de Courmel.
229 Mlle Girard.
230 Mme de Kernaoul. ⎱
231 Michelle Gosse. ⎰ messes fondées.

ANNÉE 1753.

215
T. 224

ANNÉE 1754.

232 M. Guyomard de Guerrande.
233 De la Garaye.
162

234 Sieur de la Brie.

ANNEES 1755 ET 1756.

235 M. le Président de Robien.

ANNÉES 1757 ET 1758.

236 Mme la Présidente de Beaumanoir.

237 M. Pauthonnier.

124

ANNÉES 1759 ET 1760.

238 Mme La Vanvre.

239 Mme La Bazinière.

240 Écuyer François-Jacques-Paul Du Rocher.

ANNÉES 1761 ET 1762.

241 Le duc Richard.

227

215 Le fils de

242 M Dubois de Pacé.

243 M. Beurier.

67

244 Mlle Vavincourt.

190 R^{te}.

ANNÉES 1763 ET 1764.

215

ANNÉE 1765.

ANNÉE 1766.

245 Renée Linoir.

ANNÉES 1767 et ..68.

ANNÉE 1769.

ANNÉES 1770 et ..72.

246 Mlle Colin.

ANNÉE 1773.

247 Mlle La Villaubert.

ANNÉE 1774.

ANNÉE 1775.

ANNÉE 1776.

ANNÉE . . . . .

ANNÉE . . . . .

ANNÉE . . . . .

ANNÉE . . . . .

ANNÉE . . . . .

ANNÉE . . . . .

ANNÉE 1784.

ANNEE 1785.